U0644763

|台湾研究系列|　　两岸关系与海峡传播研究文库之四

谢清果　主编

国家社科基金项目最终成果

海峡两岸数字公共领域与文化认同研究

谢清果　等著

九州出版社 JIUZHOUPRESS｜全国百佳图书出版单位

图书在版编目（CIP）数据

海峡两岸数字公共领域与文化认同研究 / 谢清果等著
. -- 北京：九州出版社，2021.7
ISBN 978-7-5225-0302-8

Ⅰ．①海… Ⅱ．①谢… Ⅲ．①公共管理－文化工作－
研究－中国 Ⅳ．①G123

中国版本图书馆CIP数据核字(2021)第144848号

海峡两岸数字公共领域与文化认同研究

作　者	谢清果　等著	
责任编辑	郝军启	
出版发行	九州出版社	
地　址	北京市西城区阜外大街甲 35 号 (100037)	
发行电话	(010)68992190/3/5/6	
网　址	www.jiuzhoupress.com	
印　刷	北京九州迅驰传媒文化有限公司	
开　本	720 毫米 ×1020 毫米　16 开	
印　张	9.5	
字　数	180 千字	
版　次	2021 年 8 月第 1 版	
印　次	2021 年 8 月第 1 次印刷	
书　号	ISBN 978-7-5225-0302-8	
定　价	48.00 元	

★版权所有　侵权必究★

本书撰稿人

谢清果　王　昀　林　凯　杜恺健
赵　晟　李　淼　祁菲菲

（排名不分先后）

绪　论

数字公共领域是指在数字时代，以数字技术和新媒体应用为支撑体系，私人意志、公众意志与国家意志内部相互整合的媒介公共空间。它相对独立于日常社会结构，是传统公共领域在数字化技术浪潮下的空间延伸和拓展。在数字公共领域中，信息、对话和管理完全由"数字"构成，甚至身处其中的"公众"也由数字符号组成，其整体运作受到新媒体语境下的媒介应用理念和运营方式影响，带有浓厚的技术色彩。两岸目前的传媒交流仍处于各说各话的状态，传统媒体依然难以落地，而互联网时代，网络开启了新的交往空间，同时也展现了新的可能性。为此，当重视博客（如新浪博客）、网络论坛（如天涯社区台湾版块）、专业网站（如台客网）等新媒体在两岸民众交流中越发扮演起的重要角色。我们的研究表明两岸数字公共领域发挥着以下三大功能：缓解两岸信息互动机制中的传播变形与认知误差；重构两岸共同体之组合方式；提升两岸理性对话与自主互动的能力。换言之，发挥着沟通信息，分享观念，弥合分歧，凝聚共识的作用。

认同（identity）乃通过由传播建构，其"建立在语言互动基础上，是一种'自我与他人的社会定位'"。其"工具论"视角认为认同由社会网络中持续不断的修辞手段达成，因此可由精英群体来建构文化认同；"环境论"视角认为认同是在双方交往互动过程中所"习得"，因此借由新媒体独特的开放式情境，更易于互动中建构认同。因此，我们呼吁及早谋划，积极推动对两岸数字公共领域形成机制的研究，进而着重探讨其对两岸民众，尤其是台湾民众的文化认同影响，这样将有利于增强掌握两岸民众网络交流的主动权和话语权，意义重大，此项研究当是推动两岸关系和平发展的基础性工程。

国内外有关数字技术、新媒体与公共领域关系的研究不在少数，而对海峡两岸数字公共领域的研究则十分薄弱。国外学者尼葛洛庞帝在著作《数字化生存》中就论述了数字技术应用下普通市民生活的改变以及全球信息资源的重新配置。学者达雷尔·韦斯特则从政治学角度出发，通过其作品《数字政府：技术与公共领域绩效》探讨了如何运用数字技术加强政府与公民互动以及增强公民表达公共事务的能力。近年来，在国内网民数量的急剧增长以及网络公共性群体事件频发的背景下，许多学者开始关注新媒体与公共领域之间的内在作用。近5年来，一些研究者使用了与数字公共领域有一定相似度的概念，如"网络公共领域"（约100篇，如周恒《网络公共领域：互联网时代法治现代化的动力支撑》《中国人民公安大学学报（社会科学版）》，2017/05；朱媛媛《如何有效治理网络公共领域》《人民论坛》，2018/23；梁鸿飞《网络公共领域的社会治理功能及其困境解析——基于民主、反腐、自治三个维度的考察》《湖南农业大学学报（社会科学版）》，2015/06，多数学者肯定网络公共领域作为一种平民公共领域的转型，且在中国已经出现）、"传媒公共领域"（尹焕霞，《传媒公共领域与和谐社会建设》《湖南社会科学》，2014）、"媒介公共领域"（赵永华、姚晓鸥《传播政治经济学视阈下对哈贝马斯公共领域理论的再审视：资本、大众媒介与国家国际新闻界》，2015；张晓静、季至宇《媒介公共领域建构的现实思考》，2011）。但这些概念不如"数字公共领域"更能概括这些新媒体技术的本质特征，而且这些研究大多基于日常公共领域框架，关注的是新媒体技术对于公众意见表达和公共事务解决的推进能力，而并没有强调数字技术所建构的跨地域、跨文化空间的特殊性，即生活于数字平台之间的公民以及公共议题，可能并不完全与现实公共领域相契合。台湾学者对新媒体与公共领域的研究并不多，查阅台湾学术文献数据库，多数的文献是2010年之前，总数不足100篇。其中有代表性的研究有：陈静君、陶振超的《偏见同化效果：网路新闻不文明留言对态度极化的影响》《中华传播学刊》第33期，2018/06）；林宇玲《网路与公共领域：从审议模式转向多元公众模式》，《新闻学研究》第118期，2014/01）；郑宇君、陈百龄的《沟通不确定性：探索社交媒体在灾难事件中的角色》（《中华传播学刊》，2012/06）、张煜麟的《网路化自我的生成——台湾青年社交媒体使用行为个案研究》（《中国网络传播研究》，2013/06）。台湾新闻传播领域的学者，除个别以研究大陆传媒体制为对象的学者外，大多回避两岸传媒交流研究。因此，本课题研究开展的四年来，海峡两岸对"两岸数字公共领域"研究，除了连子强的《传媒语境、公共领域与两岸民间交流》（《现代传播（中国传媒大学学报）》，2015/03）有点相关外，便是本课题组发表的7篇前期成果，还未见有其他论文直接涉及此领域。而这一问题在两岸关系和平发展进程中的重要地位与影响来说，深入研究显得更具有紧迫性和前瞻性。

一、本研究的学术价值与应用价值

本项目研究的重点在于数字公共领域在海峡两岸互动中体现的"线上"整合作用。在当前两岸关系和平发展、两岸经济贸易合作逐步深入的时代背景下，一方面，大量跨两岸的权利、利益和责任的存在加深了两岸之间关于国家事务、内部事务对话的必要；另一方面，由于受到历史问题、政治关系定位和地缘因素的影响，两岸民众对于公共性话题和文化议题的讨论仍然受到一定限制。而在某种程度上，数字公共领域能够规避现实社会结构现有的一些障碍，建立新时代促进两岸民族文化认同的新途径。

日常公共领域受到地缘政治的严格限制，而在数字公共领域中，由于所有内容都通过比特流动来表达，在数字技术的建构下，个体与个体之间的相似度会达到空前接近。依托于数字传输的个体可以暂时摆脱现实社会完全以国家性或者民族性意识形态为划分的公民身份。公民也不仅仅由唯一的"政治性"来体现，文化或者民族性的认知力量对于人与人之间的整合作用得到强化，通过共享生活观念或者价值态度被迅速整合在彼此认同的亚文化场域之中。加之，两岸在语言习惯、风土人情、血缘地缘和民族文化等方面本身就拥有相当高的契合度，这种契合在以全球化为背景、各种外来文化、公共议题意识形态相互碰撞的数字空间中更容易引起两岸共鸣。因此，数字公共领域为在现实对话中存在一定障碍的海峡两岸民众打开了另一个互动平台，两岸人民在文化上的相似、互补与认同可能在相对开放的"虚拟"空间中得到更大程度的延展。与本项目相关的选题目前国内研究十分薄弱，因此，此项研究具有一定新颖度，研究结果可为海峡两岸的交流合作提供另一种可行性参考。

二、本研究对象、研究内容、研究发现及其对策建议

尽管存在于数字公共领域中的个体无法掩盖其现实公民角色特征，但是，跨越意识形态且多种亚文化并行不悖的数字互动结构使得现代意义的公民概念增添了更为复杂的内涵。也就是说，在数字网络的连接之中，现实中的大陆民众或者台湾民众能够通过共同的媒介接受和文化选择行为并入同一场域，成为数字公共领域中的"数字公民"。该项目的研究目标在于探索海峡两岸数字公共

领域现状与发展，厘清两岸民众存在于数字公共领域之中的广泛互动，从而探讨两岸数字公共领域机制的建构与完善，促进两岸数字化产业、新媒体产业之间的深化合作，从而为新时期推动两岸文化交流和民族文化认同开创新局面。

（一）研究对象。两岸有共同的语言习惯和传统文化根基，这使得人们在以全球化为背景、文化碰撞激烈的数字世界中能够更快速地获取相互认同感。同时，由于数字公共领域中角色的虚拟性和不确定性，两岸民众也能够在一定程度摆脱现实框架。通过比特在数字公共领域呈现的标签是平等的，人们在数字网络定义的游戏规则和开放机制下活动。在数字公共领域内部复杂多元的亚文化社区中，两岸普通民众的对话往往淡化了政治隔阂，而带有更多的大众文化气息。本项目研究数字公共领域在海峡两岸互动中发挥的"线上"整合作用。当前两岸关系和平发展日益深化，但两岸民众对于公共性话题和文化议题的讨论仍然受到一定限制。而数字公共领域能够规避现实社会结构的一些障碍，建构起新媒体时代促进两岸文化认同的新途径。总之，该课题的研究对象在于探索在新媒体环境下，海峡两岸在数字公共领域呈现的民众互动与文化交集，致力于建构理性的两岸民众数字公共领域的机制，把握其建构方法和原则，形成推动两岸关系和平发展的民间舆论场的势能。

（二）研究内容、研究发现及对策建议。日常公共领域受到地缘政治的严格限制，而在数字公共领域中，由于所有内容都通过比特流动来表达，在数字技术的建构下，个体与个体之间的相似度会达到空前接近。依托于数字传输的个体可以暂时摆脱现实社会完全以国家性或者民族性意识形态为划分的公民身份。公民也不仅仅由唯一的"政治性"来体现，文化或者民族性的认知力量对于人与人之间的整合作用得到强化。不同国家和地区的公民能够超越国界与疆界，通过共享生活观念或者价值态度被迅速整合在彼此认同的亚文化场域之中。何况，两岸在语言习惯、风土人情、血缘地缘和民族文化等方面本身就拥有相当高的契合度，这种契合在以全球化为背景、各种外来文化、公共议题意识形态相互碰撞的数字空间中更容易引起两岸民众共鸣。因此，数字公共领域为在现实对话中存在一定障碍的海峡两岸民众打开了另一个互动平台，两岸人民在文化上的相似、互补与认同可能在相对开放的"虚拟"空间中得到更大程度的延展。

为此，本课题分层次深入系统地加以探讨：

第一，基础理论篇。为深化本项目的研究主题，有必要从宏观上掌握公共领域研究在当代社会治理中的地位与作用，从而为后续开拓研究奠定扎实的理论基础。课题组在评估了国内外对线上公共领域褒贬不一的评判基础上，有针对性地提出应将公共领域视为一种"风险结构"，即将线上环境视为一种摇摆的中间状态，聚焦新媒介作为风险系统在当代社会秩序产生的不确定性以及由此带来的多元治理体系的可能性。当前，互联网治理的政策话语已广泛倡导由政府、公众、市场以及社会团体共同组成的多中心合作网络，但其中具体风险评估与协作型网络的建构路径，实际却并未形成清晰的轮廓。伴随当代公共治理进入线上空间的流动张力之中，其中多重化、相互交叠的公共领域形态正有待于被纳入重建性的治理秩序。我们唯有严肃地将线上公共领域视为一整套风险结构，才能更理性地看待当代中国公共政治的转型发展，发展更多回应社会治理现实需求的方法架构。

习近平总书记曾指出："增进互信，核心就是要在巩固和维护一个中国框架这一原则问题上形成更为清晰的共同认知和一致立场。"而研究表明，新媒体在政治领域中具有传递政治信息，体现民主、培养信任以及协调政府治理的政治功能。同时，以新媒体技术为支撑，以各种虚拟空间的创建与虚拟社群的集聚为前提，向虚拟社群中所有参与者开放的、以各参与者相互之间自由讨论各种共同话题为主要内容的情感沟通、思想交流、精神交往的虚拟平台与公共场域便形成了数字公共领域。两岸民众和组织可以基于这一公共领域，就一些公共议题，开展一定程度的政治对话，形成各类趣味相投的网络社群，从而为增进两岸政治互信，培育"两岸一家亲"的理念奠定民意基础。

第二，问题求索篇。既然两岸数字公共领域是新媒体时代增进两岸关系和平发展应该着力的场域，那么，就必要从学理上深入探讨"两岸数字公共领域"的内涵，运作功能及其交往意义，进而重点剖析"两岸数字公共领域"在两岸社会认同、文化认同建构方面的积极意义，同时也注意管控可能产生的隐忧。既然数字公共领域是指在数字时代，以数字技术和新媒体应用为支撑体系，私人意志、公众意志与国家意志内部相互整合的媒介公共空间，那么，两岸数字公共领域应当是两岸网络用户彼此话语的一种"中间地带"，乃是民众日常文化体验与生活经验之间的交流。因此"两岸数字公共领域"内涵可以表述为：以两岸用户为主体，基于开放式讨论，追求公共生活交流的共通意义空间。

根据三个大陆知名涉台网站的实证和经验研究，我们发现，用户通过数字空间讨论两岸话题，已经成为当前两岸生活的一种"日常真实"。作为两岸公共对话乃至公众政治参与行为的桥梁，数字公共领域沿袭了传统两岸交往中的人物、时间、事件等要素之间的互动，又有着一套网络场域自身的传播结构模式。基于当前两岸社会之间所存在的现实交流障碍，新媒体确实在媒介近用权层面为两岸民众提供了前所未有的机会。具体表现为：一是缓解两岸信息互动机制中的传播变形与认知误差；二是重构两岸共同体之组合方式；三是提升两岸理性对话与自主互动的能力。尽管网络数字领域为两岸关系建构了新的交往逻辑，但在新技术所提供的乐观前景背后，实则还存在着多重交往困局。例如，理性辩论与情绪释放之间的矛盾；开放两岸公共舆论平台之同时，也面临着话语失控与环境"噪声"的困境。为此，应着力促进新媒体语境中"虚拟"的身份认同与公共生活应当融入线下行动，与现实两岸交往相整合，在两岸共同的身份场域内，解决两岸具体的公共问题，进而建构整体和谐的两岸关系。

探讨两岸数字公共领域旨在使两岸在社会认同、文化认同和族群认同等方面发挥正向作用。研究认为，从社会认同理论的视角来看，两岸数字公共领域建设应该是一个试图在可以自由对话、商谈的空间之中，通过批判、理性的交往行为来改变两岸交流的交往机制，并进而改变两岸对自我范畴的划分，促进两岸之间社会认同，并进而完成两岸统一的交往机制。而在文化认同方面，由于数字公共领域中传播载体自身的主客观立场、符号的意义本身的多义性与歧义性、传授双方信息的不对称等都可能对文化认同造成了负面的侵蚀作用，加剧了族群文化之间的矛盾冲突与分离，甚至从意识形态领域上升到暴力武装冲突，导致将"文化认同"扭曲为"文化冲突"。这个方面当注意管控。

第三，实践运用篇。两岸数字公共领域开启两岸民众在国家叙事与大众狂欢中的心灵冲撞，已悄然兴起。数字公共领域天生就具备一种与政治性议题若即若离的距离，游离于电视和报纸这样的主流媒体之外，能够十分和谐地包容各式各样的话语体系、族群认同解释和分析框架，正是一个非常适合于两岸民众交流情感、共同"叙述"、延续想象共同体的一种途径。而两岸民众在大众流行文化方面的线上交往形成的"软公共领域"，利于在两岸政治不信任的情境下拓展交往空间，比如与两岸政治议题较远的网络文学与游戏，便能深远地形塑着两岸民众的向心力。特别是两岸青年网友在电子娱乐媒体的交往中"软化"了政治对立立场的同时又促进两岸交流的公共领域，进而自然而然地促进两岸青年人之间的互动与理解，帮助他们在交互中重新塑造对自身处境、立场的公共判断。

2016 年初的帝吧出征 "Facebook" 事件是由百度第一大吧之称的 "李毅吧" 吧友于 2016 年 1 月 20 日晚上有组织、有计划地借助 "翻墙" 软件 "集体远征" 境外社交平台 Facebook，在三立新闻、苹果日报等的 Facebook 主页大规模刷屏以反对 "台独" 的事件，而结果是以两岸网民友好地互相讨论美食和美景告终。该事件的深刻启示是两岸网民通过网络公共领域进行的一场文化交锋与狂欢，它的背后是一种明显的 "共意性动员"。在这次交流过程中，两岸网民始终都秉承着各自强烈的身份认同与民族认同感进行协同作战，并且努力向对方输出自己的文化价值观。而事件的友好收场表明，两岸网民在彼此的文化输出与互动交流可以促进两岸感情的进一步加深，一定程度上也能促进了对中华民族文化的深层次认同。更重要的是数字公共领域中呈现出的独特的网状辩论更易达成 "辩论共识"，能够更好地促进文化认同。网络可以成为大家放肆宣泄情绪，情感交流的平台，网络意见与舆论也多是网民彼此对话和互动的结果，在这种跨时空的全方位互动过程中，文化认同更容易自然地形成与发展。

本研究还关注到，当今一部分台湾民众正尝试以社交媒体为代表的媒介实践，寻找其理念 "同路人"，进而推动一种以 "统一" 认同为核心的线上共同体文化。统派声音透过数字网络寻找认同的过程，不仅围绕政治性批判展开，并且也迈向生活世界的两岸互动，呈现出一种生活政治的杂糅状态。尤其线上用户从生活点滴出发的信息互动，能够令两岸社会更为真实、直观地认知客观事实，打破彼此存在的诸多刻板印象。这种生活领域延伸而来的文化认同显然与政治认同一并强化了统派群体面向公共领域的归属感。社交网络的支持有利于促进成员之间的情感维系，公共群体的呼应使得统派认同完成了一种由 "少数派" 转为 "多数派" 的想象。因此，在数字网络获得的共鸣亦赋予了其维系行动的情感支持。这种线上空间的参与经历，同时使得台湾统派对新媒介在两岸对话当中扮演的作用产生了更多认可，线上用户在卷入两岸数字公共领域的过程中，亦超越海峡地理空间，实践着彼此认知、彼此对话乃至于彼此相互理解的可能性。此外，研究者有必要审慎考量线上认同文化带来的群体同质性，检视不同公共话语之间所产生的不解、对立、非理性纷争及行动冲突的可能性。

三、研究方法

本研究首先采用网络民族志方法，深入观察两岸民众在共同的社交网站等平台上的交流状况，既有总体概括性的深描，又有细致的话语分析，从而真实地反映两岸民众在数字公共领域中的交流实况，以便一方面从中把握深化两岸数字公共领域建设的必要性和方向性，另一方面从中掌握引导数字公共领域往健康方向发展的可能性。其次，采用案例分析法，以帝吧出征"Facebook"事件为例，发现以此事件建构起的两岸数字公共领域，一方面可以成为两岸民众宣泄情绪、情感交流的平台，另一方面，网络意见与舆论也大多是两岸网民彼此对话和互动的结果，在这次跨时空的全方位互动过程中，两岸同根同源的文化认同更容易自然地形成与发展。此次事件表明建构健康的两岸数字公共领域对于深化两岸青年网民对话与交流，对于激发网民文化认同与身份认同是有积极意义的。最后，采用综合创新方法，充分吸收有关公共领域、社会认同、文化认同、族群认同、新媒体研究方面的成果，进而创造性地运用到两岸数字公共领域的场域中，从而提升研究的学理与科学性。

四、主要建树

本研究的特色在于适时提出了"两岸数字公共领域"的概念，从而从理论与实证两方面，深入系统地研究两岸数字公共领域形成机制、存在问题，进而着重通过对两岸社交媒体上的互动分析，来探讨其对两岸民众，尤其是台湾民众的文化认同影响，如此将为相关部门有效介入引导两岸数字公共领域的营造，增强对两岸民众网络交流的主动权和话语权，意义深远。

主要建树如下：一是从学理与实证两方面确证了两岸数字公共领域的存在，剖析其存在的基本样态，话语特征与传播策略，同时也注意把握存在的问题及其可能的负面影响，如此为有效治理两岸数字公共领域提供了方向与依据。二是提出关注网络文学和网络游戏所形成的"软公共领域"问题。两岸民众在网络文学与网络游戏共同参与中，既能够共同传承发扬共同的中华优秀传统文化，又能"软化"政治对立立场，从而形成两岸网络文学爱好者与游戏玩家交流的公共领域，能够自然而然地促进两岸青年人之间的互动与理解，帮助他们在交互中重新塑造对自身处境、立场的公共判断。三是关注台湾统派的两岸数字公共领域的运用策略及其现实影响。统派通过公共领域的发声，吸纳了更多的公众参与，彰显自身的观念，营造出与"台独"抗拒的"多数"想象。统派线上用户以其媒介实践主动寻找认同者的过程，为探索如何从市民社会角度扩大两岸共同体基础提供了创造性视野。

五、后续研究方向

本研究由于受当前两岸民众交往，包括新媒体交往还存在规模有限，交流受限等因素影响，"两岸数字公共领域"虽然已现端倪，但是还远未达到成熟稳定的阶段，因此本研究的两岸数字公共领域的主要一手资料以大陆相关新媒体上的资料与数据为主，客观上使我们当前的研究尚处于初步探讨阶段，有待于后续跟进研究，尤其是可通过关注两岸重要节点的舆论事件，观察两岸民众的在网络公共空间的交往的状态，及时总结和提升通过两岸数字公共领域在促进两岸和平发展，反对"台独"，扩大台湾民意基础的时、度、效问题。后续研究当着重在两岸青年交流和两岸商贸交流两个层面关注台湾青年与台商在台湾数字公共领域中的表现，侧重探讨他们在两岸一些公共议题上对台湾社会和政治生态的影响，从而管窥如何借助当前有限的交流而达到不断扩大两岸命运共同体的契合度问题。

目 录

中篇　理论求索

下篇　实践运用

上篇　基础理论

公共领域作为一种风险结构：
线上治理、现实困境及其研究方法路径

王　昀

公共领域已被引入成为线上政治研究的主流架构之一，然而，伴随新媒介环境不断发挥其政治潜能，我们有必要关注线上治理是如何与一系列公共性风险相互交织的。在不同线上主体所卷入的张力之下，政策型公共领域的认同危机、传媒公共领域的专业主义衰退、日常性公共领域的反政治文化，均成为建构多元化治理网络的内在困境，与此同时，公共参与也面临亚文化领域的复杂脉络以及跨国性风险的外部压力。对于投入线上公共政治的研究者而言，有必要汲取此种风险视角，积极运用日渐成熟的大数据分析推演当代公共文化的内在关联性，深入生活世界背景的个体经验认知去发掘行动者的线上逻辑，另一方面，则尝试拟定可能性的"风险剧本"，最大化地判别未来情景的演进面貌，从而不断发展交叉化、融合化、协作化的方法范式。

引言

过去二十余年以来，公共领域概念在被应用于中国问题的过程中一度得到相当热络的讨论。如范纯武所言，公共领域在国内的流行，一方面乃是将浸润于西方学术系统内的哈贝马斯思想，转化至考量其在中国史层面的有效解释力，另一方面则是随着改革开放后国内社会经济条件的变化，被用以作为探讨政治体制转型的理论依据[①]。尽管传统哈氏公共领域模型曾遭遇不同程度批判，在国内政治传播论述中，研究者实际多回避此种待议局限性之纠葛，而力图发掘、

---

① 范纯武:《两难之域：公共领域（public sphere）在中国近代史研究中的争议》,《史耘》2000 年第 6 期。

诠释现当代社会现象存在的公共性价值。尤其伴随近年来新技术与社交媒体发展格局，公共领域一词在学界内的使用不但并未冷却，反而渐有升温之感。大量研究透过引入各类线上行动与公共审议案例，关注到中国社会内部分化的公共领域类型①，公共领域俨然成为中国互联网的主流分析架构之一。

然而，关于线上公共性问题，国际社会早已出现不同声音。一部分研究者基于跨国性比较分析质疑，相较于传统线下方式，互联网并不一定能够增益更为良性的公共领域②。在许多人看来，线上空间的民主化与赋权功能乃是被技术乐观主义者所过分夸大。Losifidis 总结，当前线上公共文化面临的困扰至少包含了如下方面：其一，互联网在倡导开放式参与的同时，亦导致众声喧嚣的意见冲突；其二，线上空间既存在包容性问题，也受限于线上审查因素；其三，公共领域一方面演变为企业广告与公关活动的展演平台，另一方面总是充满高度党派偏见；最后，大范围内的沟通对话与批判性讨论往往在线上缺席③。

上述种种问题，均使得我们不能忽略线上公共领域在发挥其潜能之同时蕴含的风险性。甚至回到中国语境，传统公共领域理论不但被认为并不适用于描述互联网情境，线上公共空间向政治范畴以外的持续扩张，更"显示出极为特殊的异化现象"④。透过强调一种公共领域的"风险结构"，本文意在指出，在目前普遍倡导将当代治理理论应用于线上公共网络之同时，研究者仍必须关注到这种治理风险的生成，从而推动公共领域成为规避新媒介风险效应的重要一环。

大量涉及数字媒体、集体性行动与公共交往关系的研究，常常直接将公共领域直接移植到线上世界，侧重于此种数字实践向外延宕的政治经济影响，却并未深入比较那些赞成或质疑公共领域者的各自依据，从而判别数字市民文化在生成过程中随之而来的公共风险，描绘线上参与机制动态变化的详致轮廓。在讨论线上公共性与社会政治文化结构之间关系的经验过程中，也易演化出两种方向：一者批判数字环境的种种内生障碍，以一种对抗性观点强调新媒介对传统秩序造成的冲击性；另者，则对线上公共表达及其政治影响持以相当乐观

---

① A. Rauchfleisch & M.S.Schäfer（2015），Multiple Public Spheres of Weibo: A Typology of Forms and Potentials of Online Public Spheres in China. *Information, Communication & Society,18(22)*,139-155

② J. Gerhards & M.S.Schäfer(2010), Is the Internet a Better Public Sphere? Comparing Old and New media in the USA and Germany. *New Media & Society,* 12(1),143-160

③ P. Losifidis(2011), The Public Sphere, Social Networks and Public Service Media. *Information, Communication & Society,* 14(5), 619-637

④ 陆宇峰：《中国网络公共领域：功能、异化与规制》，《现代法学》2014 年第 4 期。

主义的态度。基于探讨作为风险结构的线上公共领域，本文认为更为适宜的观点可能是将线上环境视为一种摇摆的中间状态，聚焦新媒介作为风险系统在当代社会秩序中产生的不确定性以及由此带来的多元治理体系的可能性。相较于关注线上公共性如何作为外部效应施加于现实社会制度，本文更为倾向于检视新媒介环境的公共领域乃是如何实现自我建构以及这种内部建构可能产生的治理风险。后续论述将首先梳理治理观念在线上公共领域分析的应用，继而在讨论当前线上治理面临的内在困境基础之上，引介可供考量的方法路径，以期进一步丰富新媒介治理风险的理论研究思路。

一、一种治理观念的线上公共领域

现代社会治理体系向来与公共领域秩序相互联结。无论组织机构或是普通个体，若想要维持在公共事务方面的良性互动，则必须拥有一种发端于国家公共领域的治理形式[①]。参照哈贝马斯的论述，公共领域虽包含相当广义内容，总体上仍指代由私人聚集而形成、介于国家与私人领域之间的中立地带，抑或能够与公共权力机关直接相抗衡的"公众舆论领域"[②]。此种理想型民主公共领域理念自 20 世纪八九十年代被引入中国研究，便引起颇为激烈的辩论。一部分本土化反思已在某种程度上修正原有理论模型的适用性。其中具有较大影响的无疑是黄宗智的"第三领域"（the third realm）说法，提倡脱离西方经验的国家／社会二元对立构造，转向国家与社会均参与其中的第三空间观念[③]。何包钢提出的"半市民社会"（semi-civil society）也表达了类似观点。他认为，中国研究者既不应当完全排斥西方市民社会概念，也不能直接搬以"拿来主义"毫无修正地使用它。事实上，当使用公共领域概念的时候，研究者必须深入了解到中国社会存在的部分市民自治以及这种自治与国家体制相互叠合的状态[④]。

国家与社会结构之间的杂糅使得我们超越传统公共领域的市民自治模型，为观察线上治理增添了更为多元的视角。诚然，面对日常公共性文化，通常重

① M. Castells(2008), The New Public Sphere: Global Civil Society, Communication Networks, and Global Governance. *The Annals of the American Academy of Political and Social Science,* 616(1),78-93

② 哈贝马斯:《公共领域的结构转型》，曹卫东等译，上海：学林出版社，1999 年，第 2 页。

③ P.C.C.Huang(1993), Public Sphere/ Civil Society in China? The Third Realm between State and Society. *Modern China,* 19 (2), 216-240.

④ B.He（1997），*The Democratic Implications of Civil Society in China.* New York, NY: Palgrave MacMillan,8.

点在于公众如何作为行动主体，实现公共空间自我治理的过程。除此之外，市民社会展现的公共治理效应，又多少牵涉政府政策作为。何况在世界范围内以国家为主导的互联网战略框架之下，线上公共领域实际已与官方主导的政治治理模式产生密不可分的联系。因此，关于新媒介的公共性讨论，总是不限于以线上用户为中心的思路，而卷入到专业政治精英、新闻记者、意见专家与市民社会的协商网络之中，以期呈现数字社会既被国家政治所主导，又不断吸收外界参与的开放面貌[①]。

不可否认，"治理"概念在当今之使用虽相当热络，其本身的确存在一定矛盾性。诸多声音认为，治理一词在线上语境包含着一系列合法性、组织性的管理协定，这意味着强化公共政策对线上用户的规范与控制：某种意义上，"互联网治理（internet governance）听起来就像一种'互联网政府'的状态"[②]。不过，就主流共识而言，治理本身即是多元参与的共治体系，联合国全球治理委员会便将其定义为："个体与机构、公共与私人管理社会共同事务方式的综合，其中涵盖着一种冲突以及多元利益可能产生的彼此适应、相互协作的持续化过程。"[③]这种去中心化的治理思维，既扩大了公共网络的选择范畴，也使得公共领域的所有参与者成为共同的风险承担主体。总体来看，当我们将这种多元中心的治理思维运用于互联网公共政治，其中往往包含了下述三个前提：

其一是线上公共领域本身与国家之间的勾连决定了一种交互作用的"共治"状态。前人考察，1986 年以来中国所讨论的"市民社会"一词最初乃是受到"市民意识"（civic awareness）的启发，试图标识一种现代意义的市民身份。同时，市民社会又代表着与国家的有效联结，甚至是关于公民"素质礼仪"（civility）的表现。这意味着在借用此一概念提倡个人权利与自由的时候，国家这一主体也是不可避免的存在。市民社会由此强调了维系与国家之间的和谐关系，而并非敌意地去拒绝公共权力机关的介入[④]。其二是新媒介推动出现的协作型网络加深了人们参与社会治理的自主性。诸多个案业已承认，数字媒介中的

---

① J. Ausserhofer & A. Maireder(2013), National Politics and Twitter: Structures and Topics of a Networked Public Sphere. *Information, Communication & Society,* 16(3), 291-314

② M. L. Mueller(2004), *Ruling the Root: Internet Governance and the Taming of Cyberspace,* Cambridge: MIT Press, 7

③ Commission on Global Governance, *Our Global Neighbourhood,* Oxford: Oxford University Press, 1995, 2

④ Shu-Yun Ma(1994), The Chinese Discourse on Civil Society. *The China Quarterly, (*137), pp.180-193

行动者往往拥有丰富社会、经济与文化背景，这种广泛的代理人机制映衬着新技术正重构社会信息分配、改变传统交往关系以及公共价值的结构方式，从而加速中国社会的转型进程[①]。以百科、知乎、StackExchange等知识型分享社区的活跃为代表，大量"平民专家"的涌现使得线上用户参与确实可能在特定议题发挥具有重要价值的决策、规划角色。其三是生活政治的嵌入。随着数字社会助益的"沟通的自由"模糊公共领域与私人领域之间的边界，尤其社交媒体普及使得人们生活世界的碎片化时间也被数字化环境所吸收，公共政治参与被纳入广泛的日常媒介实践之中。这可以说确立了线上治理形成由国家政治议题与生活政治议题相互交错的复合模型。

因此，当我们运用治理观念的时候，相当程度上便是指向一种多层次、多主体的合作网络。这与我们既往探讨已久的基于中国在地脉络的公共领域修正模型，实际是一脉相承的。多元主体的介入使得基于公共领域衍生而出的资源配置与公共行动变得更为复杂：其既导致主体间责任界限的模糊性，也形构出治理网络的权力依赖与紧密互动[②]。不同利益相关者的卷入过程，不断促进着线上治理在内容维度方面的扩展。从国际社会强调的互联网治理体系来看，亦从20世纪70—90年代以技术为中心的互联网基础设施与标准化范畴，逐渐演变为包含政治、法律、经济、文化等领域的整合生态[③]。

诚然，治理理论进入线上环境可以归因于一种相当宏观的全球性制度探索。在互联网成为国际工业变化与民主进程引领者的背景之下，互联网治理于是顺理成章地成为全球治理新的发展向面[④]。新媒介形塑的公共性意义，也常常被置于跨国信息网络与全球公民社会体系之下予以解析。与此形成对照的是，去疆界化的互联网固然易被定义为一种"全球现象"，线上治理的跨文化政治性问题依然有待于进一步充分重视。因而，不少研究者亦呼吁进入相对微观的国家视

[①] Z. Deng, Y. Lin, M. Zhao & S. Wang(2015), Collaborative Planning in the New Media Age: The Dafo Temple Controversy, China. *Cities*, (45), 41-50

[②] 范柏乃、陈玉龙、赵晓华：《基层政府效能建设的理论、方法与路径：以楚门镇效能革命为例》，杭州：浙江大学出版社，2015年，第36页。

[③] E. Gelbstein & J. Kurbalija(2005), *Internet Governance: Issues, Actors and Divides*. Msida: DiploFoundation, 14

[④] J. Mathiason, *Internet Governance(2009): The New Frontier of Global Institutions*. London: Routledge, xiv-xv

角层次，去探讨社会治理结构在新媒介环境衍生的动机、决策与行为①。

本文认为，当新媒介环境不断改变当代社会治理结构的原有面貌，治理观念的线上应用乃是与一系列公共性风险相互交织。线上空间及其内部文化实践，不仅代表着提升个体行动、推动交往权力以及汇集公共意见的中介机制，同时也是工业社会的资本运转产物②，是联结国家与社会的冲突场域③。可以说，伴随不同话语的意义再现、权力争夺与选择性协商过程，线上公共领域不断展开着各类参与主体关于内容分配与资源管理的正当化、合法化诉求引发的竞争压力。这些集体互动网络所形构的种种风险成因，均要求我们进一步梳理整体性公共领域之下的各类主体作为，从而重新评估线上治理困境所力图解决的多维目标。

二、线上治理的现实困境：多重公共领域之考量

长期以来，关于互联网环境之讨论总是充满相当悖论色彩：线上公共领域既被认为有助于各类层次的公共讨论空间，又被形容为虽"看去生机蓬勃，实际上却处处设限"④。应当说，数字媒介发展内部建构的诸多不确定性，构成了线上治理的难题所在。尤其伴随社交网络与移动传播趋势，公共领域转向由不同线上主体张力交织而生的破碎结构。对于研究者而言，至关重要的问题乃是基于一种"相对的公共领域"视角，去检视不同线上共同体如何实现他们关于公共利益的愿景⑤。在此之中，我们或可尝试从下述面向，进一步讨论特定公共领域形态存在的风险挑战：

1. 政策型公共领域的认同危机

尽管过去关于数字全球化的论述普遍提出"国家退场"声音，认为民族—国家角色在跨国技术网络中被逐渐边缘化。在互联网治理架构之下，却出现完全相反现象：国家力量的影响不但未有消减，反而在线上治理体系不断得到扩

---

① E. J. Wilson III(2005), What is Internet Governance and Where does It Come From? *Journal of Public Policy,* 25(1), 29-50

② T.J.Mickey（1998）, Selling the Internet: A Cultural Studies Approach to Public Relations, *Public Relations Review,* vol.24, no.3,335-349

③ S.Rosen(2010), Is the Internet a Positive Force in the Development of Civil Society, a Public Sphere, and Democratization in China. *International Journal of Communication,*(4), 509-516

④ 洪贞玲、刘昌德：《线上全球公共领域：网路的潜能、实践与限制》，《资讯社会研究》，2004年第6期。

⑤ P. Shao & Yun Wang(2017), How does Social Media Change Chinese Political Culture? The Formation of Fragmentized Public Sphere. *Telematics and Informatics,* 34(4),694-704

张 ①。以新近案例观之，民族主义与国家主义在社交网络的广泛崛起，也不断呈现出市民社会与国家意志的耦合：譬如国内网络颇为流行的"小粉红"群体。值得注意的是，这种国家主义认同在线上公共领域的强势生长并不全然意味着政治秩序稳定性。相反，市民群体行动对于特定政策议题表现出的情绪化与冲动性，往往象征着线上环境总是难以生产普遍化的参与共识。

无论是从线下延伸至线上的抗争性运动，还是线上环境本身存在的技术、文化、法律、政治等诸多公共议题，基本上均牵涉公共政策为争取社会认同的运作过程。Castells 指出，认同文化的结果总是导致"公社"（communes）或者"社区"（communities）形式的产生，从而生产出一种"身份的抵抗"（identity for resistance）。认同有赖于"主体性"（subjects）的形成，这种主体性并非基于个体实现，而是由社会行动者以自身经验得以诠释的集体性意义。在他看来，在网络社会，政治认同出现的新意义在于，这种认同表达是通过公共抵抗（communal resistance）来实现的。分析这种公共抵抗的转型过程、条件与结果，能够让我们更为精确地去观察信息时代的社会变化理论 ②。因而，浸淫于线上参与式文化之中的社会治理运作，确实又表现出不同以往的内涵。伴随社交媒体成为舆论传播的中心场域，参与者在各种抵抗性意识形态之间，常常难以获得交往共识。公众意见在提升自身可视化过程中与国家政治话语产生的折冲效应，亦导致社会面对公共政策审议的认同危机。虽然新技术同时为国家与市民社会之间的互动创造了新的形式，但此种协作型治理（collaborative governance）仍被认为由于缺乏机会结构而存在相当程度的限制 ③。诸多探讨国内线上公共领域问题的重点，于是也倾向于回应国家如何逐渐从原有的抑制型宣传政策，迈向更为主动积极的姿态。这些转型中的政治对话，在于新媒介环境导致的公共交往基础转变。公众多元诉求之下产生的政策领域认同危机，正要求线上治理不断回应公共领域的权力落差，从而提升集体行动利用政治资源的能力，增进平等性的协商通道。

① M. J. G. van Eeten & M. Mueller(2013), Where is the Governance in Internet Governance? *New Media & Society*, 15(5),720-736

② M. Castells(2010). *The Power of Identity* (2nd edition). Malden: Blackwell, 2010, p 9-12

③ J. Newman, M. Barnes, H. Sullivan & A. Knops(2004), Public Participation and Collaborative Governance. *Journal of Social Policy*, 33(2), 203-223

2. 传媒公共领域的专业主义衰退

大众传媒支配了公共领域的市民社会基础[1]。在大多数公众意见表达中，传媒均扮演着最为重要的传声舞台。同时，传媒又是带有一整套信息生产、把关逻辑的政治行动者，其专业主义价值取向既建构了自身框架机制，又形塑出介于公共权力机关与自由意见市场之间的中介力量。然而，转向新媒介治理环境，传统新闻专业主义产制已被认为受到不少冲击。无论是内容提供者的线上转型或是个体化生产机制的崛起，均在相当程度上解构着专业主义媒介生产之意涵：

其一，网络新闻工作者从根本上冲击了原本就争议不断的"记者"这一专业身份[2]。大量用户原创内容（UGC）兴起，使得传统媒体的专业主义价值和新闻准则不断遭遇解构，从业者与外行之间的界限日趋模糊。其二，传媒既有的专业主义实践本身便存在所谓惯常性理想（normative ideals）与实证经验（empirical approach）之间的距离，导致无法推动合乎期待的公共审议[3]。根据其经验案例便总结：居于政治系统边缘的行动者总是无法频繁出现于新闻报道；传媒业难以刻画某种主导性话语要素来促进更好的公共反思；并且，在大众传媒关于风险或危机处境的论点中，社会也往往难以获取多数性共鸣。其三，一部分依附于专业媒介机构的内容提供者进入社交网络，强化了线上生产对专业主义的影响。在公共关系领域，社交媒体与传统主流媒体构成了两种互补之物。组织透过社交媒体向外界受众之沟通，亦作用于传统新闻报道内容[4]。而网络化行动的反公众（counterpublics），也将社交媒体作为话语工具，迫使主流媒体接受其叙事选择[5]。大众传媒专业主义影响的衰退，使得我们不得不重新反思线上公共意见的整合力量。即使将新媒介视为传媒公共领域新的发展阶段，随之而来的一系列新的制度建设与规范调整，也亟待诸多批判性梳理，从而应对媒介专业主义实践在线上治理体系可能产生的失能症结。

---

① 哈贝马斯：《在事实与规范之间：关于法律和民主法治国的商谈理论》，童世骏译，北京：生活·读书·新知三联书店，2003 年，第 441 页。

② J. B. Singer(2003), Who Are These Guys? The Online Challenge to the Notion of Journalistic Professionalism. *Journalism,* 4(2), 139-163

③ D. Kleinschmit(2012), Confronting the Demands of a Deliberative Public Sphere with Media Constraints. *Forest Policy and Economics*, (16), 71-81

④ D. K. Wright & M. D. Hinson(2008), How Blogs and Social Media are Changing Public Relations and the Way It Is Practiced. *Public Relations Journal*, 2(2), 1-21

⑤ S. J. Jackson & B. F. Welles(2015), Hijacking #myNYPD: Social Media Dissent and Networked Counterpublics. *Journal of Communication*, 65(6), 932-952

3.日常性公共领域的反政治文化

公共领域之前提历来在于一群具有理性批判精神的社会公众。公众舆论在自觉对话基础之上，实践着参与社会协商治理、理性沟通的生活方式。问题是，当我们运用公共领域这一术语来形容社会政治文化，其并非总是充满着乐观意义。Papacharissi[1]便谈到，公共领域在许多研究中成了一种普遍的包装修辞，用来表达人们对传统政治参与形式的"怀旧之情"。这种将市民参与、公共话语及现有国家政治联系在一起的辩论常常过于高估、浪漫化过往的政治活动，而忽视了当代的公众表达常常乃是处于消极、愤世嫉俗以及松散的状态。

事实上，公众本身即是充满复杂意涵的概念。笼统而言，公众就是某种"社会的集合"（social totality），由普通人以国家、联邦、城市或其他共同体形式组成。它又是一种经验性产物，是在"陌生人"之中形成的关系。"公众"透过一套自身的话语自行设定了它自己的边界与归属，以诸如领域、认同、信仰或其他的"成员测试方式"筛选出陌生人进入其中[2]。Einsiedel由是评价，公众包含了形形色色的关系，总是随着时空与议题的转换而变化，实则乃是被"想象的群体"，是在不断实践当中被观念所建构的结果[3]。可以说，公众固然构成了线上治理的重要主体，但从另一角度来看，片面注重公众的集体性作为却可能存在风险。尤其伴随大众传播环境的急剧改变，大众娱乐和广告相互结合，私企不断唤起消费者意志，甚至导致"公共权威也要为了宣传而竞争"[4]，这使得人们有必要重新审视公众在既有公共空间的权力沟通余地。

在社交网络推动的极盛参与式文化中，线上治理面临着一种从人们日常媒介近用性延伸出来的反政治文化。显然，这种反政治性指涉人们政治性的意识与行动。抑或说，如Loveday认为，政治思想事实上总是透过反政治的形式被予以表达，譬如对政党的批判即是其一[5]。与政治顺从相对，市民社会的反政治性文化呈现出对主流政治文化的拒绝，其既为社会体制改革提供着动因，同时也增加着现有政治秩序的不稳定性。钟杨与胡伟基于跨区域分析提醒，中国城

---

[1]　Z.Papacharissi(2010), *A Private Sphere: Democracy in a Digital Age*, Cambridge: Polity Press, 12-13

[2]　M.Warner(2002), Publics and Counterpublics. Public Culture, 14(1), 49-90

[3]　E. F. Einsiedel, Public Participation and Dialogue. In M. Bucchi & B. Trench, eds., *Handbook of Public Communication of Science and Technology*, New York, NY: Routledge, p.173-184

[4]　乔根森，哈尼奇编：《当代新闻学核心》，张小娅译，北京：清华大学出版社，2014年，第274页

[5]　P. Loveday(1969), Anti-political Political *Thought. Labour History*, (17), 121-135

市居民仍然相当关心政治、国际事务，并且，那些越倾注兴趣在政治上的人，越倾向于不满意政府政策表现。若被赋予一定机会，他们更有可能参与到传统与非传统的政治活动当中 [①]。之于全球背景来看，西欧右派民粹主义的抬头以及美国新共和党右翼分子的反政府修辞均映射出特定的时代症候。Scheddler 于是感叹，我们生活在一个"反传统政治"（antipolitical）的时代，在此之中，媒介也包含着无处不在的反传统政治动机 [②]。这种解构传统政治性制度的声音，同时充斥于近年来的社交媒体运动之中 [③]，一方面提升了舆论诉求中关于平等主义、社会公正、政治改革等愿景的能见度，另一方面亦削弱了国家或政治作为正当权威的舞台，无疑为重构公共领域的治理运作带来诸多争议性力量。

4. 亚文化公共领域的复杂脉络

公共领域的构成向来并非铁板一块，尤其线上共同体的身份流动与社群差异，更将线上治理目标推向更为丰富的亚文化结构。如 Street 承认，历来政治研究者，都不得不视大众文化作为人们政治生活的一部分。探讨大众文化，不应当止于探讨粉丝或受众权力与大众文化生产者之间的妥协、抵抗，而必须回到人们的生活方式本身。本质上，大众文化的内容与特质乃是源于一系列复杂事件的连锁反应，是政治制度与政治意识形态运作的结果 [④]。Brophy 于是主张，基于大众文化在联结普通市民与公共领域中扮演的关键角色，研究者应当超越传统的公共意见解释，使用更广泛的文化架构来讨论大众阶层如何加入政治行动 [⑤]。

在媒介饱和时代，大众文化在线上领域延展出无数亚文化的内涵构成。得益于强盛的用户参与式文化，某些情形之下，亚文化甚至逐渐主流化，呈现出愈发显著的社会效应。面对大众文化生产内部的复杂脉络，研究者或可尝试从两个方向着手寻找线上公共性脉络：一是将焦点置于亚文化社区自身的内部运

---

① Yang Zhong & Wei Hu(2013), Mass Political Interest in Urban China: An Empirical Study. China: *An International Journal*, 11(3), 87-103

② A. Scheddler(1997), *Introduction: Antipolitics — Closing and Colonizing the Public Sphere*. In A. SChedler, ed(1997)., *The End of Politics? Explorations into Modern Antipolitics*, London, UK: MacMillan, 1-20

③ J. S. Juris(2012), Reflections on #Occupy Everywhere: Social media, Public Space, and Emerging Logics of Aggregation. *American Ethnologist*, 39(2), 260-279

④ J. Street(1997), *Politics and Popular Culture*. Philadelphia: Temple University Press, 4-6

⑤ J. M. Brophy(2007), *Popular Culture and the Public Sphere in the Rhineland*, 1800-1850. Cambridge: Cambridge University Press, p.300-313

作，发掘用户如何透过创造性实践来丰富线上交往体系。大量关于字幕组的研究便已经关注，线上迷群的志愿劳动与集体精神如何影响知识分享与文化商品的资源分配体系[①]；二是检视并非处于主流话语位置的亚文化公众，争取将其话语叙事扩散到公共空间的过程。如有研究即基于中国粉丝文化在对抗国家审查制度时动员的集体性行动，分析大众文化消费者如何在积极参与娱乐内容生产之同时，卷入到诸多严肃性的社会政治议题[②]。一言蔽之，亚文化社群拥有其独特的线上参与文化，但其日常运作毕竟在主流公共领域视线之外，往往为传统社会治理创造一些尚难以触及的真空地带。因此，研究者有必要持续观察亚文化群体衍生而出的分众化、跨平台的流散型公共交往，以此来缓解传统政治公共领域讨论的种种"僵化"思路，探讨公共意见是如何通过"非常规"方式得以形成。

5. 跨国公共领域的外部压力

自 20 世纪中后期萌芽的互联网技术，乃是被并入世界信息经济与全球媒介传播的发展体系之下，从而引发跨国社会网络的依赖文化。而持续的政治、文化与技术全球化趋势以及日益兴起的跨国界社会运动，则被认为越来越突出地挑战着传统公共领域理论的国家中心论[③]。McLaughlin[④] 也认为，一种世界市民身份在跨国纽带中的增长，重新形构了民主政治的世界主义文化。之于中国社会，在关于一系列国际标准的接受过程中，其治理目标亦深入相应全球场域。2015 年 10 月，国内首次公开"共商共建共享"的全球治理理念[⑤]；2016 年 11 月，第三届世界互联网大会则发表中国为推动"全球互联网治理朝着更加公正合理的方向迈进"的互联网治理思路，进一步呈现"范围更广、程度更深、成效更大"全球治理参与[⑥]。随着此种全球性政治想象作为主导工具术语进入日常

---

① Hye-Kyung Lee(2011), Participatory Media Fandom: A Case Study of Anime Fansubbing. Media, *Culture & Society*, 33(8), 1131-1147

② Zhenzhu Peng(2016), Online Resistance to Censorship among Chinese Fans of The Big Bang Theory. *The Journal of Popular Culture*, 49(5),1023-1041

③ 克拉克：《全球传播与跨国公共空间》，金然译，杭州：浙江大学出版社，2015 年，第41—42 页。

④ L. McLaughlin（2004）, *Feminism and the Political Economy of Transnational Public Space*. In N. Crossley & J. M. Roberts, eds(2004)., *After Habermas: New Perspectives on the Public Sphere*, Oxford. UK: Blackwell, 156-176

⑤ 刘斐，王建华：《中国首次明确提出全球治理理念》，2017 年 1 月 17 日，http://news.xinhuanet.com/2015-10/14/c_1116824064.htm

⑥ 张伟，冯武勇：《全球治理的中国印记》，《新华每日电讯》2016 年。

社会，人们将日益面对跨国性议题在公共领域的成长，大量潜在的跨国性风险亦成为政治决策者、参与者的必要考量。

这种风险性首先源于一种不受拘束的"非国家领域"。弗雷泽（Fraser）曾提醒："在国际层面，我们已经看到了'无政府的管理'的出现，即私人的和半公共的管理机构的扩散。这些机构制定了强制性的可执行规则，管理着世界范围内社会交往的广大地带。"她认为，包括北美自由贸易协定组织（NAFTA）、国际知识产权新自由体制（TRIPS）等等在内的国际机构及协定，"这些管理结构极不民主化，常常暗箱操作，在任何情况下都不对任何人负责。由于全心全意地为资本的利益服务，它们能否经得起公共领域真正严格的审视，还不得而知"①。与此同时，跨国网络中的公众行动加深了公共领域由本土走向世界的联结。譬如国内一度颇受热议的环保运动，这种公民绿色话语往往运用"同一个世界""共同的地球""历史的视角""地球村""地球日""可持续发展"等等修辞表述，呈现出全球维度之考量②。而在大众文化领域，亚文化社群也反映出日益紧密的跨国交流。过去关于字幕组迷群的讨论即强调线上用户自发的大规模内容引介、翻译与再生产，成为推动中国与世界接轨的"翻译活动"曲线，这种"中国对西方文化的翻译之路，也是世界通往中国之路"③。

不可忽视，新媒介塑造的全球流动网络为在地治理带来众多新的挑战因素。跨国公共领域的形成在本质上是跟国家现代性发展及"走出去"的全球化步伐相一致的。在郑永年看来，中国社会快速转型成果背后的最重要力量便是开放：中国与世界的相互影响为中国社会的内部变化提供了外在动力机制。然而，面向全球化的磨合过程，也使得社会结构产生更为薄弱的联结，因而需要呼吁多种政策领域之手段来予以维护④。伴随跨国网络空间在制度对话、政治信任、网络安全、资源分配以及跨文化认同等等方面产生的风险性，线上治理仍必须谨慎平衡全球化与在地化实践之间的张力，以此回应市民社会日益深刻的世界主义想象。

---

① 南希·弗雷泽：《西方民主的危机与对策：公共领域的跨国化》，邢立军，马妮校译，《社会科学战线》2015 年第 4 期。

② 杨国斌、克雷格·卡尔霍恩：《媒体、公民社会与绿色公共领域的兴起》，2012 年，转引自皮特·何、安德蒙主编：《嵌入式行动主义在中国：社会运动的机遇与约束》，北京：社会科学文献出版社，第 95—96 页。

③ 卜昌炯：《共享主义战士的黄昏》，《博客天下》2014 年第 33 期。

④ Yongnian Zheng(2010), Society must be Defended: Reform, Openness, and Social Policy in China. *Journal of Contemporary China*, 19(67), 799-818

三、线上公共领域治理风险的研究方法探讨

前述，当代线上治理面对的是众多类型化、相互叠合的公共领域形态。对于现实社会秩序而言，此种文化公共性既有赖于线上空间的市民自治，更映射出多种风险主体在新媒介环境下的冲突、互动与协作。由此，线上公共领域缔造了一种风险结构。面对日益成长的公共性文化，风险意涵的关键不在于具体、单一性的公共风险事件，而取决于线上共同体的生产实践如何建构新的意义争论，各类参与主体在遭遇不断解构中的传统认同符号的过程中，如何再造政治文化，形构线上互动的未知图景。

观照线上公共领域的目标、内容与手段，尽管长期以来经历了颇多讨论，但方法系其实并不成熟。主体杂糅的数字内容生产加深了线上参与文化的自主性、流动性，即使是在职业化媒介组织或普通用户群体内部，也分离出不同面向，使得社交网络中原本相对隐蔽的"小世界"生态，被以公共化的形式放大在数字交往空间之中。这些均需要研究者持以相当审慎的态度来予以具体厘清、诠释。完善数字空间的治理理论，也亟待研究者结合交叉化、融合化、协作化的方法范式，动用不同经验思路来诠释公共交往的风险利害。

1. 基于大数据推演的关联模型

自 2011 年麦肯锡全球研究院发布《大数据：下一个竞争、创新和生产力的前沿》研究报告，大数据便成为全球瞩目的治理应用手段。在国内，大数据市场虽起步较晚，却处于高速增长阶段。随着各类互联网技术公司、舆情机构以及数据研究智库的参与到线上治理方方面面内容，大数据已成为有效的量化分析工具，用以评估、预测线上公共领域内容生产、消费、传播以及动机之间呈现的内在特征与关系。

作为数字时代新的技术神话，大数据的核心在于针对海量数据，运用合理算法去推测各类"可能性"。可以说，大数据之缘起便是数字网络与物理世界的相互内嵌，因而与线上公共领域构成了强烈的依赖性。MacPhail[1]认为，大数据的定位并非是提供各类社会问题的解决方案，而是去更好地发现具有相关性的研究问题。大范围的线上公共意见与集体行动向来难以被轻易感知，伴随大数据技术进入广泛的政府、商业、科技用途，在其所推进的全样本呼声中，社会治理者的确可透过不同维度数据集合，更精准地预测风险事件的成因与演变方

---

[1]　T. MacPhail(2015), Data, Data Everywhere. *Public Culture*, 27(2), 213-219

向。值得关注的是，大数据方法背后隐藏的实证主义亦存在不同程度质疑。之于公共领域对话，一方面，高质量的大数据本身作为稀缺资源被各类组织机构掌控，普通公众实则难以近用；另一方面，大数据广泛深入个性化营销以及内容生产，某种程度上取代了公众与组织之间通过信息、辩论、同理心等等分享方式塑造的联结生态[①]。因此，关联性的数据推演固然为线上治理提供了创造性方式，但"大数据治理的前提，恐怕还需鼓励更为开放的公共空间，将公众从日常生活拉入以公共精神为导向的对话空间"[②]，在此之中，研究者必须力图创造基于数据流分析的双向沟通反馈机制，梳理不同社群之间的信息偏好与互动属性，从而重新研判公共性冲突因何衍生，进一步勾连线上用户的关系线索与共识空间。

2. 基于行动者逻辑的经验认知

行动者不仅仅包括个体化的社会人，同时还延展到各类非人类的、非个体性的话语行动主体。按照 Latour 的观点，世界并非是"整齐分类"的。透过追寻异质性的"行动者网络"（actor-network），能够让我们从数字化、静态的、类型化的世界抽离出来，转向动态的本体论视角[③]。基于行动者逻辑的方法取径提供了一种重要预设，即每个对象皆是特殊的，无数节点之间的互动相互构成了线上交往网络。这也使得我们能够关注到在主流数据挖掘平台未能覆盖到的领域，一些"特立独行"的行动者群体如何在线上环境表达其文化诉求。面向此种行动者网络的经验关照，研究者有必要持续深入生活世界背景，基于不同行动者展现的个体特质，从而回答传统数字算法无法诠释的理论落差：

首先，并非"多"的数据就意味着是好的。事实上，数字媒介研究者不断面临着关于多数人的"浅数据"（surface data）以及关于少数个体、小群体的"深数据"（deep data）问题。即便大数据时代带来了规模性数据分析的浪潮，但这并未使得深数据与浅数据之间的关系"崩塌"。人们反而必须意识到线上信息可能的虚假性，不能仅仅凭借社交媒体发布的内容、上传的图片、发表的

---

① N. Couldry & J. Turow(2014), Advertising, Big Data, and the Clearance of the Public Realm: Marketers' New Approaches to the Content Subsidy. *International Journal of Communication*, (8), 1710-1726

② 邵培仁、王昀：《触碰隐匿之声：舆情认知、大数据治理及经验反思》，《编辑之友》2016年第 12 期。

③ B. Latour（1996）,"On Actor-network Theory: A Few Clarifications," *Soziale Welt*, vol.47,no.4,pp.369-381

评论作为窗口去映射用户的真实面貌①。与大数据以发掘关联性的导向不同，迈向特定行动者的线上思路，能够有助于我们深描主流公共领域之外与众不同的声音。其次，公共交往常常存在诸多难以被量化的概念，线上治理应当努力接触用户在公共领域参与中生产的精神符号，丰富关于行动者主观体验的认知。童静蓉便提出"情绪表达"在国内舆情事件中具有的意义，认为公共生活中的情绪维度有助于次级公众群体突破现有社会层级，争取相关公共领域的对话资源②。其三，物理世界与数字生活之间的模糊边界也令人们不得不反思智能数据挖掘的有效性。Hermes 也强调，公众辩论的议题与观点隐藏在日常生活细节之中，加之公与私、真实与虚假之间本身的区分并不明朗，市民身份事实上在很多地方都可以得到实践，因而质化的受众研究方式可能是复兴公共领域的关键力量③。在媒介融合语境之下，公共生活面貌实际变得相当复杂。个案经验仍有其重要意义，透过展现行动者的关系网络扩散，我们或可在更为具体的经验深描基础之上验证、补充、修正宏观数据的解释力问题。

3. 基于情景分析的剧本演绎

风险代表着一种未来性的潜在威胁④。因而根本上，以风险视角检视线上公共领域乃是试图规避当既有的公共性问题持续延伸时，它将为未来社会治理发展带来的诸多消极的不确定性。观察既有研究，大量成果已关注到线上治理过程及其特定政策结果的影响：例如针对舆情事件进展的监测、引导以及舆情事件后续的反思、归纳与总结。大多研究仍立足于对特定平台意见气候的回溯，考量市民社会、大众媒介与国家政治之间呈现的互动关系。不过，如杨永军指出，"先兆"同样是洞察"社情民意"的重要方式。分析者可以尝试透过社交网站的内容表达、情绪信号、社会背景等等警示指标信号来予以预测公共领域的舆情动向⑤。针对不同社会议题的差异性，人们需要通过一系列工具手段与制度

---

① L.Manovich（2012），Trending: The Promises and the Challenges of Big Social Data. In M. K. Gold,ed, *Debates in the Digital Humanities, Minneapolis*. MN: The University of Minnesota Press, 460-475

② Jingrong Tong(2015), The Formation of an Agonistic Public Sphere: Emotions, the Internet and News Media in China. *China Information*, 29(3),333-351

③ J. Hermes(2006), Hidden Debates: Rethinking the Relationship between Popular Culture and the Public Sphere. *Javnost - The Public*, 13(4), 2006, 27-44

④ U. Beck(2000), Risk Society Revisited: Theory, Politics and Research Programmes. In B. Adam, U. Beck & J. Loom, eds., *The Risk Society and Beyond: Critical Issues for Social Theory*. London, UK: Sage, 211-229

⑤ 杨永军：《社会舆情预警与控制》，北京：人民出版社，2015 年，第 264—266 页。

构成，更为敏锐地对风险沟通的外部环境有所反应。研究者如何在现有经验积累基础之上，模拟各类影响因素，将其投入治理决策的闭环，辅助多样化的社会治理战略思考框架，是未来新媒介研究需要着力的重要方向。

为了回应此种带有未来学意味的理论焦虑，基于线上数据与线下经验的情景分析（scenario analysis）成为可供借鉴的视角。20 世纪 60 年代以来，大量实证分析强调发展更多复杂预测技术、使用大量历史数据去生产关于未来预测的推断。但整体而言，这些技术均未能很好地实现从预测性规划向决策制定过渡。而情景分析的剧本演绎则能够建立由一系列一致性因素组成的叙事描述，当牵涉到未来情景时，这些因素能从概率性角度去明确人们可供选择的集合[1]。事实上，透过情景分析来演绎各类行动剧本，从而判断流动性风险的社会发展及其政治效应，这一观念在传播领域的使用并不鲜见。传统新闻生产研究即常以剧本作为动态化的框架概念，去解释某项议题的叙事展开过程[2]。在危机系统管理中，情景总是被视为一种先期因素优先于传播行为。线上研究者因而有必要考量情景的发展周期，分析话语乃是如何在情景要求的时间内完成其修辞策略。而建构线上治理的情景范畴，则往往需要基于所了解的经验数据，拟定可能性的风险因素集合，然后依据不同的组合维度、时间阶段，最大化地判别这些"未来剧本"构成的影响。由于线上参与文化往往随科技、信息流动而重构既有情景面貌，当下公共领域特征实际乃是由线上社群、不同政治行动者与公共事件的彼此互动所决定的。为了解此种参与结构的具体演进面貌，也要求我们不断通过假定性的情景（what-if scenarios）代入，去提问身处于网络中的各种对象[3]。

总结

面对新媒介环境的公共交往生态，线上治理议题已然跃居政治传播研究的核心位置。以一种风险视角来检视线上公共领域，我们需要淡化对抗性的政治冲突思路，观察不同内容生产者的参与、互动与演变如何带来社会传播结构的

① W. R. Huss(1988), A Move toward Scenario Analysis, *International Journal of Forecasting*. 4(3), 377-388

② W. L. Bennett(1975), *The Political Mind and the Political Environment*. Lexington: Heath

③ M. McGlohon, L. Akoglu, & C. Faloutsos（2011），Statistical Properties of Social Networks. In Charu C. Aggarwal,ed., *Social Network Data Analytics, Hawthorne*. NY: IBM Thomas J. Watson Research Center, 17-40

转型，并形塑出共同化的治理之网。依据 Papacharissi[①] 看来，在新技术浪潮中，"我们已经习惯了通过乌托邦或反乌托邦式的话语去拥抱'新事物'。关于新技术的想象由此形成了某种大众一致的'神话'，反映出我们对'新事物'出现以及'旧事物'破灭的期待。"国内大量讨论声音，亦基于各类新媒介形态的高速发展趋势，普遍形成关于新公共领域的积极话语。这种乐观主义前景固然在一些经验案例中得到不同程度反映，然而，多重公共领域的存在，实际亦面临着自身内在问题：政策型公共领域的认同危机、传媒公共领域的专业主义衰退、日常性公共领域的反政治文化均成为建构多元化治理网络的现实困境，与此同时，公共参与亦面临着在亚文化领域的复杂脉络以及跨国性风险的外部压力。

葛兰西[②]强调，"国家，确切地说，本身并没有一个统一的、融贯一致的、同质的世界观"，"一个单个的个人所能参加的'社团'非常之多，超乎想象。个人正是通过这些'社团'而隶属于人类的"。多元参与的社交网络加深了众声喧嚣的意见对立，吊诡之处在于，线上群体交往的内卷化趋势也强化了社区内部的同质性。公众类型的区隔以及彼此内群体认同社区的出现，推进着公众群体在整体网络结构中的分离。线上公共领域在内部建构过程呈现的利益网络与价值冲突，仍然有必要引起研究者警惕。

事实上，若我们回溯既往线上公共性研究，常常发现两套似乎相互冲突的常识。譬如，一部分声音十分着重线上意见的产生、扩散与爆发以及其带来的集体行动影响，认为以网络民意为先发、政府被动回应的"参与—回应模型"构成了分析当代中国政府决策与政府行为的重要维度[③]。另者发现线上公共意见对执政者并无显著议程设置效果，而是与传统大众媒介呈现出双向交互影响。相反，反倒是政府能够在某些情况下为线上公共领域设置议程[④]。这些成果呈现的矛盾性均让我们看到线上风险的复杂性及其治理挑战。针对不同事件、数据源、行动者、情景的分析，可能出现大相径庭的判断。这要求研究者尝试动用

---

① Z. Papacharissi(2010), *A Private Sphere: Democracy in a Digital Age*. Cambridge, UK: Polity Press, 7-8

② 葛兰西：《狱中札记》，曹雷雨、姜丽、张跣译，北京：中国社会科学出版社，2000年，第254页、266页

③ 翁士洪：《参与—回应模型：网络参与下政府决策回应的一个分析模型——以公共工程项目为例》，《公共行政评论》2014年第5期。

④ Luo Yunjuan(2014), The Internet and Agenda Setting in China: The Influence of Online Public Opinion on Media Coverage and Government Policy. *International Journal of Communication*, (8), 1289-1312

不同方法范式去调动各类线上经验，比较、分析、研议线上互动不同的可能性样貌。

总体而言，立足于国内既有语境，线上治理应当转向一种不断吸收线上参与文化的良性公共效应，同时预测、规制其潜在不确定性的风险视角。当前，互联网治理的政策话语已广泛倡导由政府、公众、市场以及社会团体共同组成的多中心合作网络，但其中具体风险评估与协作型网络的建构路径，实际却未形成清晰的轮廓。伴随当代公共治理进入线上空间的流动张力之中，其中多重化、相互交叠的公共领域形态正有待于被纳入重建性的治理秩序。我们唯有严肃地将线上公共领域视为一整套风险结构，才能更理性地看待当代中国公共政治的转型发展，发展更多回应社会治理现实需求的方法架构。

两岸数字公共领域：新媒体增进政治互信的场域

谢清果　林　凯

在信息时代，新媒体在社会各领域的影响越来越大，改变了传统传播方式和传播格局，呈现新的传播景观，而且也彰显出其强大的政治功能。在两岸交流过程中，尤其是在增进两岸政治互信中，新媒体已经和必将发挥更大的作用。为此，本文拟通过探讨两岸增进政治互信的新媒体路径，为推动两岸和平发展提供一定的策略参考。

一、新媒体形成传播新景观及其政治功能

（一）新媒体形成传播新景观

关于新媒体的定义在业界和学术界并没有一致的结论。因为随着技术的发展，新媒体的产品形态在不断变化，因此对它的内涵进行准确界定为时尚早，本文也不去深入探讨新媒体的有关定义，而是借鉴了清华大学彭兰教授[①]对新媒体的概念及发展的梳理而得出的结论："新媒体"主要指基于数字技术、网络技术及其他现代信息技术或通信技术的，具有互动性、融合性的媒介形态和平台。在现阶段，新媒体主要包括网络媒体、手机媒体及其两者融合形成的移动互联网以及其他具有互动性的数字媒体形式。这一定义告诉我们，新媒体是以数字技术和网络技术等高新技术为基础而出现的新的载体，而且具有互动性、数字化、网络技术化以及具有移动开放性等与广播、电视、杂志和报纸等传统媒体相区别的特征。这些特征蕴涵了新的技术革命，改变了传统媒体中传播主体的地位、传播格局和秩序而呈现的传播景观。

---

① 彭兰：《新媒体概念界定的三条线索》，《新闻与传播研究》，2016年第3期。

1. 传播技术变革

2000 年以后，互联网技术和通讯技术等高新技术的快速发展及其在媒体领域的广泛运用，引起一场媒体技术变革，由此而催生出许多富有高新技术的新媒体载具和应用软件，譬如当前的智能手机和平板电脑以及依附于这些新媒体之上和基于互联网技术运作的各种软件如微信、微博等应运而生。当然，随着技术的深入发展也将会有新的载体出现。这些新媒体的运用为社会信息传播主体构建了一个开放和博弈的平台，能够有效突破科层的限制，实现联结传播主体及增强与社会环境的联系，改变了信息的传播方式和传播格局，甚至重塑社会经济、政治、文化等各方面的发展秩序。总体上讲，传播技术变革为新媒体发展运用及呈现新景观奠定基础，是信息时代社会发展变革的重要力量。

2. 传播主体平等化

在传统媒体的传播格局中，信息传播呈现自上而下的线性传播模式，传播主体地位以差序的等级模式固定下来，其地位相对不平等。而在新媒体传播环境中，传播的主体地位获得平等，形成"扁平化"的形式，也即传播过程中信息传播者、信息接收对象和媒体中介等主体是处于传播同一平面上，打破了等级差序的传播格局。首先，传播主体对每一则信息都具有共同的生产、解读和传播的权利，而不是说信息只是单纯由传播者来掌控，其他信息接收对象和媒体中介等主体同样对信息拥有主导权。其次，应该看到传播主体平等化的另一面向就是传播主体之间相互关联，也即传播主体之间可以实现相互之间的信息反馈，及时调整信息传播内容和策略，由此推进信息有效传播。新媒体环境下，让传播主体获得同样的地位，树立了"我与你"的主体间性，消解了传播过程中的不平衡的矛盾，构建更加公平的、公开的传播环境，提升信息传播效果。

3. 传播过程民主化

在传统媒体信息传播过程中，信息的生产由传播者主导，信息接收者处于信息传播最末端的位置，对信息了解相对封闭，从而形成信息不对称的局面。在新媒体传播语境中，其传播过程则相对民主化。具体表现在，一是传播者具有更加透明的和公开的发布信息机制和传播平台，在这一机制和平台中，信息的生产和制作能够保证信息的真实度，而且保证信息传递系统的有序性，从而降低"信息熵"的值。二是信息接收者能够获得更多的真实性的信息，而且也打通了他们与传播者或与社会传播沟通、反馈的渠道，也即被赋予了他们表达意见的自由和权利。从整体上看，新媒体语境中传播过程民主化反映了传播双方主体性地位，也更加突出新媒体对传播秩序的重新构建和调整。

（二）新媒体政治功能

新媒体带来传播环境和格局的改变，呈现了新的传播景观。从整个社会层面来说，新媒体在长期地运转中，对经济、文化、政治之间的交流和传播产生深远的影响，形成"传媒权力"。张晓峰、孙璐等[①]（2014）认为，所谓"传媒权力"意指现代传媒对个人或社会进行影响、操纵和支配的力量。传媒权力主要是通过思想观念的传播来实现的，也是一种软权力。随着人类传播技术的发展，传媒的力量已深深嵌入社会生活的各个领域，并构成了社会权力结构中一个具有强大影响力的部分。新媒体在政治领域的运用为社会公众提供更多的政治资讯，也为政治系统的良性运转提供有效的信息支持，提高政府治理效率。可以说新媒体是当前新型政治关系和社会政治治理中极为重要的一种工具，其在政治生活中的影响越来越突出，"传媒权力"也在不断扩大和升级，增显其政治功能。

1. 提供政治信息，解疑释惑

新媒体在政治关系中的一个显著功能便在于提供相应的政治信息。这里的政治信息包括政府的组成结构、运作程序以及相关各领域各阶段的政策等方面的信息。政治信息反映的是一个政府的运作程序、整体的立场以及政府的形象。在当前新媒体语境下，通过新媒体来传递政治信息，能够实现传播速度快、形式多样化等优势，甚至使用固定推送的方式，可以减少政策推广的生硬以及能够巩固政策的效果，增强政策信息传播有效性。

2. 体现政治民主，增进信任

波兰著名社会学家什托姆普卡[②]认为，民主需要公民之间的沟通交流：意见的交换、政治选择的明确陈述、政治支持的表达等。新媒体开辟了网络空间，让社会政治主体在其中进行沟通交流，体现其传播民主化的过程，而这实际上也是网络民主的一种体现。马克·波斯特（Mark Poste）在《网络民主——因特网和公共领域》一文中把网络民主界定为"网络民主为公民借助网络技术，通过网络公共领域加强和巩固民主的过程"。[③]新媒体能够将政治主体传播信息透

① 张晓峰，孙璐等：《传媒与政治》，北京：中国传媒大学出版社，2014年。

② 什托姆普卡：《信任——种社会学理论》，程胜利译，北京：中华书局，2005年。

③ David Holmes（1997）.Virtual Politics: Identity& Community in Cyberspace. London: Sage Publication. Cyber democracy: The Interner and the Public Sphere. Mark. Poster. 转引自：郭小安：《网络民主的概念界定及辨析》，《天津行政学院学报》第3期。

明化，政策发布、突发事件、政治动态及时向公众发布，而社会公众也能通过新媒体问政，表达对政治的相关态度和意见。目前通过网络在线、微博问政等新的政府—民众媒体互动形式在不断创新，这是丰富民主的途径。而这种形式的重要意义在于培养政治组织及其民众之间的相互信任，实现团结，正如卢卡奇（Lukacs）[①]所说，一个最民主的社会意味着能最有效地提高个体与其同类的统一。

3. 协调促进政府治理，提升决策科学化

联合国全球治理委员会（CGG）[②]（2016）对治理的概念进行了界定，认为"治理"是指"各种公共的或私人的个人和机构管理其共同事务的诸多方法的总和，是使相互冲突的或不同利益得以调和，并采取联合行动的持续过程"。其也总结了治理的一些特征：治理不是一种正式的制度，而是持续的互动；治理过程的基础不是控制而是协调等。政府的治理应该体现在政府组织层面，更应该体现在社会公民层面，是二者相互配合和影响的过程。而新媒体具有的互动性和开放协调属性则能很好地协调促进政府治理，双方可以就政府治理措施进行有效跟进；同时也可有效防范政府治理中失范现象，有效化解危机。

二、两岸新媒体对政治互信的影响

两岸由于历史上国共两党的冲突以及当下大陆和台湾民进党对两岸政策存在分歧，甚至有民间"台独"分子的言论煽动，这些因素导致两岸政治互信相对脆弱。"政治互信是个相对的概念，指的是政治行为者之间彼此包容和合作的心理基础和共同承诺。"[③]张文生[④]认为，两岸政治互信的基础是双方对一个中国原则和"九二共识"的认同。正如习近平总书记所提出："增进互信，核心就是要在巩固和维护一个中国框架这一原则问题上形成更为清晰的共同认知和一致立场。"[⑤]实际上，两岸政治互信关乎的是对一个中国原则的统一认同，是思想观念的统一认知，更是行动上对两岸和平统一的积极践行和信任。新媒体在政

[①] 乔治·卢卡奇：《民主化的进程》，寇鸿顺译，佟德志校，广州：广东人民出版社，2013年。

[②] 联合国全球治理委员会：《治理的概述》，2016年10月21日 http://wiki.mbalib.com/wiki/%E6%B2%BB%E7%90%86。

[③] 刘国深：《增进两岸政治互信的理论思考》，《台湾研究集刊》2010年第6期。

[④] 张文生：《两岸政治互信研究》，北京：九州出版社，2011年。

[⑤] 严安林：《和平发展时期"两岸政治关系"理论内涵与实践路径探讨》，《台湾研究》2014年第3期。

治关系中具有传递政治信息，体现民主、培养信任以及协调政府治理的政治功能。笔者以为，新媒体的这种政治功能应该外扩至两岸政治互信领域，换言之，新媒体可以通过满足两岸民众信息交流，增加两岸和平发展关系的制度信任以及协同政府治理等影响增进两岸政治互信。

（一）满足两岸民众信息沟通需求

从台湾方面看，台湾地区不同政党的执政理念和针对大陆政策的差异和变化，导致双方（从官方到民间）在信息交流和互动方面存在不足甚至缺失的状况。尤其是蔡英文及其民进党上台执政后，其对大陆的政策更加紧张和封闭，两岸之间的交流也逐渐减少甚至浮于形式。而在大陆方面，大陆在选择和传播台湾地区讯息时需要经过官方严格把关和筛选。这些原因导致了两岸之间缺少深入、自由畅达的交流，甚至产生误解，譬如在台湾综艺节目中出现"大陆人民吃不起茶叶蛋""大陆产妇不坐月子"等言论。

但是两岸民众沟通交流的基础依然存在。连水兴[①]认为，台湾地区有2300万人口，其中80%祖籍是在福建。他们有着共同的生活习惯、宗教信仰、风土人情、艺术表现等，具有文化的同源性。这种文化同源性提供了两岸交流的动力基础。另外，两岸在各个层面的交流上存在地缘近、血缘亲、文缘深、商缘广、法缘久的"五缘"优势。这些优势保证了两岸交流的特色以及从更深层次推进两岸的政治互信。归纳来说，这些基础和优势为两岸交流创造了"共通的意义空间"[②]。也即他们有着共同的语言、文字等意义符号系统，对此也有相同的理解。虽然两岸之间存在繁体字和简体字之间的差异，但从整体上看，这些差异并不影响两岸民众的交流；另一方面，两岸民众拥有接近的生活经验和社会文化背景，这是来源于他们的文化同源性，虽然台湾在历史上经历"荷据""日据"时期以及台湾的不同政治制度，因此在某些思想观念上存在一些差异，但是这些不会从根本上改变两岸之间的文化同一属性。

在此共同意义空间中，新媒体的运用扩大了其意义交流的空间，加强感情联络，增加相互信任。两岸民众对"脸书"、推特、微信、微网志等新媒体的使用率很高，新媒体成为两岸信息沟通的重要工具。在新媒体上这些软件可以时时提供和更新有关海峡两岸的社会各方面的资讯，满足两岸民众对信息的需求：

---

① 连水兴：《海峡两岸传媒业合作的文化维度与发展空间》，《中国广播电视学刊》2012 年第 1 期。

② 郭庆光：《传播学教程（2 版）》，北京：中国人民大学出版社，2011 年。

一是两岸政治动态。新媒体提供两岸执政党的执政政策，让民众及时了解两岸政策变化，消除误解。二是经贸信息。实际上，很长一段时间，来大陆探亲的台湾同胞认为大陆是极其穷困的，而这在一定程度上是由于媒体信息交流缺失造成的。当前，新媒体为两岸民众提供双方经济交流信息，谢清果、王昀①指出，两岸民众甚至可以在淘宝电子商务网站上进行生活信息的交流，促进两岸经济往来，消除刻板印象，互惠互利。三是文化交流。一方面是文化活动的互办、共办；另一方面是民间探亲交流。两岸民众同宗同源，通过新媒体的交流，让两岸民众加强情感联系，加深民间交流，扩大两岸有效信任覆盖面。新媒体为两岸民众提供充分的信息，扩大共同意义空间，陈冉②认为，由此可以促进两岸相互认知、培育情感认同、弥合政治分歧，不断提升政治互信水平。

（二）增进对两岸和平发展的制度信任

卢曼（Niklas Luhmann）③（1979）在《TRUST and POWER》一书中将信任分为人际信任（personal trust）和制度信任（system trust），人际信任是在人与人的互动中建立起来的，而制度信任则是以人与人或者人与社会互动中所受到的法律、规章制度或某些社会规则的制约为基础。简而言之，制度信任就是人与人之间的交往和信任是基于一定的规约或制度建立起来的。而当前台湾地区一些党派、组织和个人对海峡两岸确立的和平发展缺乏制度信任，其中原因在于他们"对制度的期望和制度实际表现存在的落差而导致的"④。换言之，是他们对和平发展中确立的"九二共识"和一个中国原则不承认，或是对两岸双方践行和平发展的实践不满意而导致的。

2015年台湾歌手周子瑜在韩国综艺节目中挥舞台湾当局旗帜，其被"绿营"媒体奉为"台湾之光"，称其"为国争光"。这种行为和言辞漠视"九二共识"，损害了两岸民众感情，严重挑衅了"一个中国"的底线。这是其个人和"台独"组织缺乏对两岸和平发展制度的不信任的突出表现。究其原因，一方面是台湾"绿营"鼓吹"台独"思想，媒体扭曲大陆形象，导致其他民众不认同和平发展

① 谢清果、王昀：《两岸政治互信中的传媒角色、功能及前景》，《厦门大学学报（哲学社会科学版）》2014年第5期。

② 陈冉：《媒体互动：拓展两岸广播的共同意义空间》，《中国广播》2012年第6期。

③ Niklas Luhmann.（1979）. TRUST and POWER. Chichester·New York：JOHN WILEY & SON ltd

④ 李莹、林功成：《制度信任和政治兴趣对政治参与的影响：以香港为个案》，《新闻与传播研究》2015年第1期。

的制度；另一方面，大陆在涉及台湾新闻信息方面采用官方统一发布口径，客观上缺少与台湾的互动交流，缺少对和平发展的实际践行。而这些因素导致了台湾地区对和平发展制度的不信任，甚至产生对大陆的敌对情绪，阻碍两岸和平发展关系的推进。周子瑜最后也因台湾艺人黄安微博实名举报以及网友的压力而道歉。新媒体能够形成对维护和平发展的舆论监视，增进对两岸和平发展的制度信任。增进对两岸和平发展的制度信任，是坚持"九二共识"，维护一个中国基本框架的根本保障，是双方对话的前提，也是最基本的政治互信。它能在规则上制约"台独"思想。另外，当前大陆环境发生极大改变，制度信任能够增进两岸之间的了解、互动，有效增强两岸民众同属一个中国的意识，形成去"台独"和促团结的政治文化，而新媒体则能在其中起到助力作用。

（三）协调政府治理，增进政治互信

"治理是政府、公民及一些民间社会组织通过合作、协商的方式进行管理……两岸共同治理的思维模式具有治理主体广泛性的优势，而两岸民间社会也是治理两岸共同事务的合适主体之一。"① 其"要义就是在于在最大限度地增进两岸人民共同利益的前提下，建立两岸之间的合作关系，其本质是两岸公权力机关与两岸社会对两岸公共事务的合作管理"②。两岸共同治理不仅需要两岸公权力机关对两岸政治导向的把握，而且也需要考量两岸民间社会对公共利益的诉求，从官方到民间之间增进政治互信。

应该看到两岸共同治理的主体的广泛性和多元性。从两岸公权力部门来说，通过新媒体发布有关政策信息和对两岸政治的解读，释放和平发展的信号。同时在新媒体开放平台上实现与网友的互动交流，让两岸民众看到双方的政治诚意。台湾国民党、新党、亲民党等通过制定推行两岸政策、政治主张，以"九二共识"为基础，推动两岸交流互动。从两岸民间社会组织及民众角度来看，新媒体平台可以成为其建言献策以及政治议题的平台，在此过程中形成的舆情风向标可以为两岸的政治决策提供民意参考，进而协调政策。如自 2007 年以来，在中华海外联谊会等单位指导下台湾和福建民间主办的海峡百姓论坛，围绕"两岸同根，闽台一家"的主题，通过现场活动和新媒体传播，深化了台湾民众对一个中国的认同，凝聚同属中华民族的共识，挤压"台独"的生存空间。

---

① 刘国深：《试论和平发展背景下的两岸共同治理》，《台湾研究集刊》2009 年第 4 期。
② 周怀志主编：《两岸经济关系与政治关系的互动路径——全国台湾研究会 2013 年学术研讨会论文选编》，北京：九州出版社，2014 年。

而个人方面，台湾艺人黄安则利用微博举报周子瑜的"台独"行径，有效抵制"台独"分裂行为。

在当前信息时代，两岸共同治理的各层次的主体可以充分利用新媒体平台及其传播效力，提高两岸合作的积极性和意愿。当然，由于新媒体工具和平台的特殊性，实际上要求两岸共同治理的主体秉承着公开、共享、平等的视角去处理两岸公共事务，才能创造一个相对和谐的沟通和治理环境。其目的在于"两岸在互信、互利的基础上不断化解冲突和矛盾，满足各治理主体的利益的同时，最终实现两岸社会发展和共同利益的最大化"[①]，实现政治互信不断深入。

三、增进政治互信的新媒体路径

随着全球化进程的推进以及两岸之间在各领域频繁的交流，两岸拉近了彼此的距离。而且新媒体具有明显的政治功能，并且对两岸和平发展关系制度的信任以及增进政治互信具有重要的影响。因此，单纯依靠权威传统媒体的单向性传播，并不能解决两岸和平发展和政治互信推进的需要，选择新媒体作为其中的策略路径显得尤为必要。

（一）开拓新媒体公共空间，扩展政治对话平台

哈贝马斯（Habermas）的资产阶级公共领域指的是与私人领域相对的"公共领域"，而在大众传媒领域，"公共领域说到底是公众舆论领域"[②]。在哈贝马斯看来，公共领域是社会公众参与公共生活的重要场合，其中的交往必须具备理性地对公共事务进行交流，而且能够让公众充分表达意见。"公共领域最好被描述为一个关于内容、观点、意见的交往网络；在那里，交往之流被以一种特定方式加以过滤和综合，从而成为根据特定议题集束而成的公共意见或舆论。"[③]本文认为，两岸交流的新媒体平台是具有公共领域特征的，或者说是两岸公共领域。当然这里指的是虚拟的公共领域，对于虚拟公共领域，杨嵘均[④]认为，它是以新媒体技术为支撑，以各种虚拟空间的创建与虚拟社群的集聚为前提，向

---

① 周怀志主编：《两岸经济关系与政治关系的互动路径——全国台湾研究会 2013 年学术研讨会论文选编》，北京：九州出版社，2014 年。

② 哈贝马斯：《公共领域的结构转型》，曹卫东等译，上海：学林出版社，1999 年。

③ 于尔根·哈贝马斯：《在事实与规范之间——关于法律和民主法治国的商谈理论》，童世骏译，生活·读书·新知三联书店，2003 年。转引自：连子强：《传媒语境、公共领域与两岸民间交流》，《现代传播》2015 年第 3 期。

④ 杨嵘均：《论虚拟公共领域对公民政治意识与政治心理的影响及其对政治生活的形塑》，《政治学研究》2011 年第 4 期。

虚拟社群中所有参与者开放的、以各参与者相互之间自由讨论各种共同话题为主要内容的情感沟通、思想交流、精神交往的虚拟平台与公共场域。这个虚拟的公共领域是可以独立于两岸公权力机关组织和私人领域的一种用于沟通两岸公共事务或者社会公共信息的平台；它是一个开放性的空间，能够让不同的声音在空间中交汇，具有理性批判意义，甚至是可以形成一定舆论的公共领域，当然，"它不是具体的、有边界的物质空间，而是两岸透过话语进行理性交往并体现公共性原则而存在的社会空间"[①]。

以新媒体为平台构建的公共领域，为两岸公权力部门和民众多层次的交换政治意见、分享知识以及联络感情上进行深入交流提供了开放性的平台，这种公共领域可以突破现实地理条件和禁忌的制约而实现自由、交互性的交往，增强更广泛的人际关系和情感联系，让更多民众参与其中，扩大互信影响力。在此基础上能够更加充分调动两岸民众参与讨论公共事务的热情和意愿，在交流中表达利益诉求、化解民怨，"透过'相互纠正'来培养互信"[②]。

一方面，应该加大开发在新媒体中两岸政治对话的公共平台，增加能够进行公共对话的新媒体的投入，例如当前台湾主要社交软件是 LINE，而大陆方面主要是微信。因此可以开发能够适用于两岸民众的新媒体，包括新媒体中功能设置、文字字体、操作习惯等系统进行重新规划设计，让两岸民众都能习惯使用。譬如，有网友 King Matrix[③]认为网站和搜索引擎都设置有简繁支持的 SDK，或者使用世界普遍使用的 Facebook 和 Twitter，而不仅限于微博和微信。当然，两岸也可以在此基础上出台共同的法律法规，规范媒体审核，为两岸新媒体互动提供规范和保障。另一方面，加大两岸之间的通讯技术合作，为两岸新媒体载具的运用推广提供技术保障和技术服务共享。新媒体公共空间能让两岸民众在其中积极为两岸和平发展建言献策，在交流中增进互信，形成长期有效的合作机制。公共空间的大小也直接影响两岸交流的程度以及交流效果的优劣，其已经成为沟通两岸的重要桥梁，因此为了增进两岸政治互信效果，进一步推进和巩固两岸和平发展关系，应该注重对新媒体公共空间的开拓和维护。

---

① 唐桦：《两岸关系中的交往理性》，北京：九州出版社，2011 年。
② 唐桦：《两岸关系中的交往理性》，北京：九州出版社，2011 年。
③ King Matrix：《台湾为何对大陆充满误解》，2016 年 8 月 13 日 https://www.zhihu.com/question/49400331/answer/116435541。

（二）新媒体制造公共话题，引导政治互信舆论传播

《大不列颠百科全书》对舆论的定义是："舆论是社会中相当数量的人对于一个特定话题所表达的个人观点、态度和信念的集合体。"[①]舆论是公众以主动的姿态传播与自身利益或者兴趣相关的话题或观点，这些观点呈一定的集合之势；另外舆论的特征也表现在公众对某个话题的意见表达是公开的且具有一定的社会影响力，能够在社会上形成反响。公共话题是社会公众对某一问题的公开讨论而形成的具有一定影响力的舆论话题，是人们对某一焦点问题的意见集合，当然这些公共话题涉及公共利益。从这一点上看，公共话题具有舆论的基本属性。在本文中，新媒体制造的公共话题是关系两岸共同利益的话题，由两岸民众在新媒体公共平台上探讨，其探讨的核心利益在于关注两岸和平发展，形成对两岸政治互信的正确认识，从而引导媒体和公众形成政治互信的舆论传播。

首先，关于公共话题的分类。本文以为，两岸的公共话题可以分为民族性话题、政治性话题和社会一般话题。民族性话题来源于两岸共同的文化根源，可以是民俗活动、文化艺术表演以及基于两岸文化的电视艺术类节目等，当然更大范围看，还涉及全球华人在全球地区遭遇的民族性问题。这类话题能够在很大程度上勾起两岸民众的民族集体记忆和民族认同，因此应该将民族集体记忆的元素融入各种活动中，让两岸民众积极参与活动，增强切身体验，逐步实现民族和文化的认同。如"自 2006 年以来'妈祖之光'大型电视晚会连续进入台湾岛……通过海内外电视媒体以及网络媒体一起向全球数亿观众现场直播和转播，在海峡两岸及全球华人当中产生了巨大的反响"[②]。政治性话题则是涉及两岸政治的议题。它包括对两岸政治信息的讨论以及两岸民众对涉及两岸敏感话题的讨伐。譬如，台湾艺人周子瑜在韩国挥舞台湾"国旗"，被三立电视台视为"爱国者"，甚至蔡英文的亲日言论等。这些涉及政治性的话题在两岸引起轩然大波。两岸民众纷纷通过新媒体等方式表达对这种行为的痛斥，引起了较大的舆论压力，迫使当事人对不当言论进行道歉。这种话题往往关涉到坚持和平统一的大部分两岸民众与少数"台独"分子的争论，因此需要利用新媒体进行适度地引导和传播，从而在争论中确立政治互信的舆论倾向，加强两岸的信任。

---

① 美国不列颠百科全书公司、中国大百科全书出版社不列颠百科全书编辑部编译：《不列颠百科全书（国际中文版）》（第 14 卷），北京：中国大百科全书出版社，2002 年。

② 连水兴：《文化立台与媒介合作：海峡卫视的两岸合作模式探析》，《电视研究》2013 年第 3 期。

最后是社会一般性话题，这些话题本是私人事务而在新媒体公共平台上传播而成为公共话题。如生活在台湾的东北老人夏伟通过孙女在微博上发布寻亲消息，通过微博好友的信息传递而最终找到了远在东北老家的亲人。这一事件在网络上引起了轰动。虽然这是一个私人事务，但却演变成两岸民众在新媒体上共同接力传播而实现的一个公共事件。这一话题再次勾起了两岸民众对亲人的思念之情，也强化了他们"两岸一家亲"的情感。这种社会一般性话题从私人到公共空间的生成需要新媒体进行助力传播，形成从对亲情的寻找到对两岸和平统一发展的政治互信的舆论关注。

新媒体在制造公共话题上具有先天的平台优势。而其在引导舆论上，首先需要有一定的组织和个人充当舆论领袖的作用。他们应该针对两岸关于公共话题的讨论进行适度的引导，从中总结有利于两岸政治互信的共同议题、结论或者倾向性情感，然后有意识地将这些议题给予进一步扩散。由于新媒体传播速度快、范围广，所以其在扩散传播议题和情感上具有优势，能够快速形成舆论之势。其次，通过两岸关联的媒体平台进行推送。通过舆论领袖的引导之后，将舆论话题进行渠道推广，扩大话题参与度；最后，舆论成效常态化。将此类舆论效果以话题典型融入两岸其他互动活动中，扩大影响。

（三）新媒体凝聚两岸民众，培育政治互信新社群

认同 (identity) 通过传播建构，其"建立在语言互动基础上，是一种'自我与他人的社会定位'"。[①] 而美国学者曼纽尔·卡斯特[②]在《认同的力量》中指出，认同（identity）都是建构而来，建构"来自历史、地理、生物、生产与再生产制度、集体记忆及个人幻想、权力机器及宗教启示等"[③]。一个群体的认同可以通过传播及其他社会因素来构建。在新媒体公共空间和平台上，两岸民众集聚在一起，他们可以是关心两岸和平发展的政治群体，也可以是有共同的信仰、风俗习惯以及亲缘关系的一般社会群体。实际上，他们有一个共同的身份就是他

---

① Bucholtz, M. & Hall, K.（2005）. Identity and Interaction: A Sociocultural Linguistic Approach. Discourse Studies, 7（4-5）, 586. 转引自：谢清果、王昀：《两岸网络公共领域中的身份认同及其交往逻辑的功能考量》，《台湾研究》2014 年第 5 期。

② 曼纽尔·卡斯特：《认同的力量》，夏铸九、黄丽玲等译，北京：社会科学文献出版社，2003 年。

③ 曼纽尔·卡斯特：《认同的力量》，夏铸九、黄丽玲等译，北京：社会科学文献出版社，2003 年。

们同属中华民族，是炎黄子孙。连水兴[①]认为，通过新媒体虚拟平台，他们突破了时间和空间的限制和其他社会层面的阻碍，而实现了各种社会关系和社会要素的超时空延伸，实现虚拟现实的"共同在场"。从而将两岸民众凝聚在新的更加自由开放的平台上。此外，在此公共平台上他们交流知识、分享经验、交换意见等，进一步增强他们之间的联系，提升信任，强化民族身份认同感。

美国学者丹尼尔·贝尔[②]在《社群主义及其批评者》一书中，将社群分成三类，一是地区性社群，即以地理位置为基础的社群；二是记忆性社群，即共有一个具有深刻道德意义的历史的不相识的人的社群；三是心理性社群，即为信任、合作与利他主义意识所支配的、面对面的有人际交往的社群。其一，从地理环境来看，两岸相隔一个台湾海峡，地理位置非常接近，从宽泛意义上说，海峡两岸属于地区性社群。但正如上文所述，新媒体公共平台的开放凝聚两岸民众，从某种意义上说新媒体构建的虚拟社区也是两岸民众成为地区性社群的集聚地，如天涯论坛、台客网等虚拟空间上成为两岸民众汇聚的平台。其二，记忆性社群提供了一种道德传统，它"有助于表述我们生活中的共通性，让我们共同促进历史中所记忆和期望的理想，把我们的命运与我们的前辈同时代的人以及后代联结在一起"[③]。两岸民众拥有共同的祖先，同属闽台文化发源地，有共同的亲缘关系，这些共同的"道德传统"让两岸民众有共同的历史回忆而凝聚在一起。2016年在百度贴吧"帝吧出征Facebook"事件中，两岸民众虽有争论，但对两岸风土人情等属于两岸共同记忆的元素则具有更多的怀念与认同，构造了两岸民众集体记忆，激发共同的意愿和两岸认同。其三，丹尼尔·贝尔[④]认为，心理性社群强调在参与共同活动时，感受一种心理上的"共生共存感"。他们的共同行动是由相互信任和合作共享的原则来支配。在新媒体传播上，应诉诸两岸共同的利益。譬如每年举办的海峡论坛，通过新媒体渠道两岸民众传递经贸合作、文化交往等各方面信息，让两岸民众看到和平发展所带来的利益，凝聚信任和平发展的网络社群。另外，两岸网络社群在新媒体平台上对待国际

---

① 连水兴：《从"文化共同体"到"媒介共同体"：海峡两岸传媒业合作研究的视角转换》，《福建师范大学学报（哲学社会科学版）》2013年第3期。

② 贝尔：《社群主义及其批评者》，李琨译，北京：生活·读书·新知三联书店，2002年。

③ 贝尔：《社群主义及其批评者》，李琨译，北京：生活·读书·新知三联书店，2002年。

④ 贝尔：《社群主义及其批评者》，李琨译，北京：生活·读书·新知三联书店，2002年。

事务时，"发声较为一致，常常表现出共同的民族向心力"[①]，他们具有共通、共存的心理。随着媒体技术发展，通过新媒体凝聚政治互信新社群显得尤为必要。

从地区性社群、记忆性社群到心理性社群，体现的是从地理联系、历史回忆到信任合作而共生共存的社群凝聚力的提升。当前两岸的特殊关系以及未来两岸的和平发展，通过新媒体来构建具有地区性、记忆性和心理性的政治互信社群正当其时。这种政治互信的社群相较其他社群拥有较高的黏合度，对进一步构建拉近两岸的心理距离、强化民族身份认同以及增进政治互信的两岸命运共同体具有重要的意义。而这种命运共同体的构建实际上也是两岸政治互信最终的追求目标，应该说这种政治互信的社群或者命运共同体的规模越大，两岸和平发展的关系基础就越牢固，祖国完成统一大业的步伐就越快。

四、结语

全球化进程下两岸的深入交流和发展是当下时代的必然趋势，而促进两岸和平发展，增进两岸政治互信，最终实现祖国和平统一，实现中华民族伟大复兴是每个中国人的共同愿望和梦想。在当前信息社会中，影响两岸和平发展的因素纷繁复杂，从两岸传媒在两岸各领域的交流中起到的中介作用来看，应该充分认识到媒体因素对两岸和平发展的重要影响，尤其是进入到新媒体语境中，探讨新媒体在两岸增进政治互信中的路径策略，发掘新媒体作为媒介本身的属性特征，凸显其在政治关系中的特殊功能。通过二者的逻辑阐释，提炼出新媒体在政治互信中的运用之道，强化其对两岸和平发展的重要意义。两岸的传媒交流是两岸传播中一道特殊的风景线，昭示着两岸同属一个中国，两岸人民同根同源的血脉关系，这种特殊性将是两岸媒体互动交流的根本，是两岸儿女精神交往的重要纽带。

---

① 谢清果，王昀：《两岸政治互信中的传媒角色、功能及前景》，《厦门大学学报（哲学社会科学版）》2014 年第 5 期。

中篇　理论求索

两岸数字公共领域的内涵、
运作、功能及其交往意义考量

谢清果　王　昀

　　两岸数字公共领域是两岸公共生活的线上拓展。讨论数字网络在两岸身份认同中的作用，对新媒体时代两岸交往经验有着重要的借鉴意义。通过对代表性网站的实际情况分析，可以发现，两岸数字公共领域发挥着如下功能：一是缓解两岸信息互动机制中的传播变形与认知误差；二是重构两岸共同体之组合方式；三是提升两岸理性对话与自主互动的能力。尽管网络数字领域为两岸关系建构了新的交往逻辑，但在新技术所提供的乐观前景背后，实则还存在着多重交往困局。

　　新时期两岸交往面临着一种尴尬的矛盾：一方面，两岸社会各领域之间的统合日趋紧密，另一方面，台湾民众的认同心理却呈现出复杂面貌。在大致结束所谓"政治含量低"的功能型、事务性议题之后，两岸互动如何转向协商难度高的"深水区"议题，是困扰当前两岸关系的核心障碍。[①] 在两岸交往逻辑迎来复杂挑战的当下，两岸数字公共领域为两岸超越现实交流困境提供了契机。讨论数字网络在两岸身份认同中发挥的作用，分析目前两岸用户在数字公共领域中的话语生产及传播状况，进而考察两岸互联网交往生态，对深度把握新媒体时代两岸交往经验有着重要的借鉴意义。

---

　　① 邱垂正：《当前两岸政治互动的价值障碍》，《全球政治评论》2013 年第 43 期。

一、"两岸数字公共领域"问题意识与价值追问：基于身份认同视阈

（一）身份认同与网络传播之关系

认同（identity）乃通过由传播建构，其"建立在语言互动基础上，是一种'自我与他人的社会定位'"[①]。置于宏观层面，自我关于外界的"想象"更与大众传媒密不可分。如 Anderson[②] 指出，在建构国家主义认同过程中，正是现代交通与大众传媒为人们提供了同步的"想象"：即人们能感受到自己与另一相似群体生活在"平行"（parallel）位置，这使得共同体凝聚成为可能[③]。

网络生活中存在着人们承认的"虚拟认同"，这种虚拟认同又反映着真实的角色关系，对现实生活有着实质影响[④]。在新媒体时代，数字技术被认为革新了传统国家主义与族群主义的身份认同建构方式。其中，两种观点颇为主流：

其一为工具论视角，沿袭"社会建构论"观点，认为"认同"可被主动赋予，数字网络仅为一种技术手段。如 Saunders[⑤]（2011）从族缘政治角度出发，认为国家认同事业乃是由社会网络中持续不断的修辞手段达成。他以乐观主义态度认为，互联网是终极的公共领域（ultimate public sphere），精英群体可借由互联网功能来建构国家认同。相比之下，Castells[⑥] 的观点更具"赋权"色彩。他指出，认同与角色（roles）不同，角色乃"通过社会制度和组织所建构的规则"来界定，认同则源于个体化过程。尽管信息时代强化了"国家的回归"，提升了国家对整个社会的监控能力，但网络化、去中心化的社会干预形式也建构出新的组织逻辑，各种社会运动成为信息时代的潜在主体，形塑参与者之间彼此认同的"想象"。换而言之，在国家权力之外，公众亦可借由新媒介技术提升建构身份认同的能力。

其二是"环境论"视角。近年来，借由新媒体独特的开放式情境，有关参与式传播的讨论颇盛。在此视角下，认同并非单方面意图所可以达成，而是在

① Bucholtz ,M. & Hall,K（2005）. *Identity and interaction：a sociocultural linguistic approach. Discourse Studies*,7（4-5）,586

② Anderson，B.（1983）. *Imagined communities:Reflections on the origin and spread of nationalism.London*，UK：Verso.

③ Anderson，B.（1983）. *Imagined communities:Reflections on the origin and spread of nationalism.London*，UK：Verso.

④ 何明升、李一军：《网络生活中的虚拟认同问题》，《自然辩证法研究》2001 年第 4 期。

⑤ Saunders，R. A.（2011）.*Ethnopolitics in cyberspace:the internet，minority nationalism，and the web of identity*，Plymouth，UK：Lexington Books.

⑥ 曼纽尔·卡斯特：《认同的力量（第 2 版）》，曹荣湘译，北京：社会科学文献出版社，2006 年，第 5 页。

双方交往互动过程中所"习得",媒介退居幕后,承担的乃是"环境"布景功能。"互联网应用不仅提升与改变了现实地理空间意义上的共同体认同,并且还强化了特定场景(specific locations)之间的联系。"① 换而言之,互联网重构了认同生产的传统物理空间。但更多人关注到,认同对象所依附的原有文化环境也正发生变化:一方面,互联网推动了"多元主义",现有政治利益团体系统碎片化,向议题型政治团体转型,这使得精英话语输出及其建构社会认同的能力受到影响②;另一方面,普通用户却可利用线上空间更多地参与社会实践,进而提升实现"情境认同"的机会③。由是,在此视角下,数字网络中的身份认同似乎很难由某种单一权力所操控,认同本身成为自觉互动的结果。

本文沿袭上述第二种视角,重在考察两岸用户的日常网际互动,其基本假设为:两岸关系之中存在"数字公共领域"这一中介环境,并且数字公共领域的存在,能够提升两岸在公共事务层面的对话能力与彼此之间的意义认同。

(二)"两岸数字公共领域"的内涵与面向

公共领域(public sphere)指涉摆脱了公共权力机关,独立于私人领域之外,一种介于市民社会与国家权力之间的结构空间和时间④。数字公共领域则是现实公共领域的线上拓展,其以比特为单位,以数字媒介平台为核心,既是虚拟的公共舆论空间,亦是传统公共领域经由新媒体重构之产物⑤。在中国网络社区内部,常常存在着族群话语(racial discourse),其不仅建构出对"外来群体"的反抗,亦成为民族主义的重要组成部分⑥。由此观之,围绕以群体身份认同为核心的话语场域,构成了现有数字公共领域的重要组成部分。

---

① Haythornthwaite, C.& Kendall, L (2010). Internet and community. *American Behavioral Scientist*, 20 (10), 1.

② Bimber, B. (1998).The Internet and political transformation: Populism, community, and accelerated pluralism. *Polity*, 31 (1), 133～160.

③ Thorne, S.L., & Black, R.W. (2011).Identity and interaction in Internet-mediated contests, in C. Higgins (ed.). *Identity formation in globalizing contests*. New York, NY: Mouton de Gruyter.

④ 哈贝马斯:《公共领域的结构转型》,曹卫东、王晓珏、刘北城、宋伟杰译,上海:学林出版社,1999年。

⑤ Carlos Ruiz, David Domingo, Josep Lluís Micó, Javier Díaz-Noci, Koldo Meso and Pere Masip (2011).Public Sphere 2.0?The Democratic Qualities of Citizen Debates in Online Newspapers. *The International Journal of Press/Politics*, 16, 463～486.

⑥ Cheng, Yinghong (2011).From campus racism to cyber racism: discourse of race and Chinese nationalism.*The China Quarterly*, 207, 561～579.

梳理以往研究，虽然公共领域在两岸交往中的提法并不少见，但却缺乏统一论述。受制于两岸当前交往现实，两岸数字公共领域更常与两岸网络传播相混淆，其定义并不清晰，在此，我们有必要先厘定两岸数字公共领域的内涵。

首先，两岸数字公共领域必然是两岸共同体所"公共的"。其虽建立在数字技术强调开放、流动、共享的语境之上，但有着独属于两岸特质的边界，即其文化属性仍是"本土"（home）的。"本土"不仅仅意味着两岸民众在个体日常生活经历方面的相似之处，它同样意味着一种内在空间："在此之中，一些认识能够得到赞同，而这些赞同在'外部世界'确实难以获取。"[①]譬如，在仅有国外人士参与的网络社区，其讨论的即使是两岸话题，但由于两岸民众这一主体的缺席，仍然难以被称之为属于两岸的公共领域。

其次，两岸数字公共领域是相对开放的公共情境，而非"封闭"、私人的交流空间。网络之所以被认为是"最具潜力的两岸公共领域"[②]，乃在于两岸可利用其开放结构引入公共参与机制，透过"互相纠正"来培养互信。因而，虽有观点认为"无论何种场域，只要它们有两岸民众的沟通参与，或存在着两岸民众的交流与沟通，都可以算作两岸公共生活或两岸公共领域的组成部分"[③]，但此视角下的两岸交往多少存在某种模糊性，数字公共领域本身的外延在两岸语境下被大大泛化了。由是，以 IM、一对一个人邮件、网络电话、私人聊天室等形式所进行的两岸网络传播活动虽在两岸民众交往中发挥重要作用，但因其并不具备"公共属性"，所以不属于数字公共领域范畴。

第三，两岸数字公共领域应当是两岸网络用户彼此话语的一种"中间地带"，乃是民众日常文化体验与生活经验之间的交流。King[④]曾以台湾的大陆配偶运动为例，指出台湾存在一种即非台湾人又非中国人的社会认知，此种"另类"的国家主义为建构"台湾—大陆"之间的缓冲地带提供了可能性。与之相似，在网络公共领域中，两岸用户首先是在"网民"这一共同身份认同下进行交流，官方政治属性和经济动因在此淡化，民众日常文化体验与生活经验之间的传递

---

① Wright, P.（2009）. *On living in an old country：The national past in contemporary Britain*. New York, NY：Oxford University Press.

② 唐桦：《两岸关系中的交往理性》，北京：九州出版社，2011 年，第 157—161 页。

③ 王茹：《两岸命运共同体与两岸公共生活的建构——以两岸民众的沟通为中心》，《台湾研究集刊》2006 年第 3 期。

④ King, W.（2011）.Taiwanese nationalism and cross-Strait marriage：governing and incorporating mainland spouses. in Schubert, G.& Damm, J.（eds.）. *Taiwanese identity in the 21st century：Domestic, regional and global perspectives*. New York, NY：Routledge.

与分享成为维系空间叙事的核心。由是，一些非公众参与的网络传播空间，比如两岸当局的政府官方网站、两岸企业营销网站①等等，亦不在本文所讨论的数字公共领域范畴。

概而言之，两岸数字公共领域乃以两岸用户为主体，基于开放式讨论，追求公共生活交流的共通意义空间。为梳理两岸数字公共领域的现实面貌，后文将以三个网站为具体研究对象，考察两岸数字公共领域当前之生态。这些网站都是聚集两岸活跃用户的知名网站，在两岸数字公共生活交往中发挥着一定作用。通过观察两岸用户在其中的话语互动与参与式传播，可以进一步窥探两岸数字公共领域的整体功能意义。

二、两岸数字公共领域的运作样态：以三个网站为例

两岸数字公共领域目前至少可从四种形式进行讨论：其一乃是以 BBS 论坛等为代表的传统社区，如大陆的天涯社区、凯迪社区、台客网等等，其公共讨论往往由成员自发组织，论坛成员较为稳定；其二乃社会化媒体，如新浪微博、人人网等 SNS 社区，由于强烈的社交特性，此类网站在信息传递速度与广度上有着巨大优势；其三乃以新闻网站为代表的门户网站，其公共讨论受媒体议程设置影响较大，往往以跟帖评论的方式出现，成员构成相对碎片化；最后值得注意的是另一种特殊的网络空间：电子游戏社区。游戏社区的公共性不仅表现在玩家在游戏世界互动产生的认同经验，同时也表现在玩家通过聊天室、"公会""组队"等行为进行集体联结的过程。

由于后两类网站所呈现的两岸公共交往带有较强流动性，基于操作性考量②，本文主要以前两类网站为研究范例。电子游戏社区研究将另文专述。

（一）研究说明

本部分研究运用线上参与式观察，以大陆三个网站（天涯社区、台客网、

---

① 值得考量的是，在社会化媒体中，政府、企业以及其她团体组织以个体化形式进入公共空间（如微博、微信公众账号）已成为常态。至少在技术实践层面看来，它们通过拟人化的方式进入公共领域空间，常常与真实个体用户一起介入话题讨论。

② 研究者发现，在一些两岸新闻网站（如两岸网、台海网），其新闻跟帖现象较少出现。另外，在电子游戏社区，玩家往往也是在游戏体验过程中"无意"带入某些两岸议题。这进一步加大了获取经验资料的难度。不过，依照传播仪式观，即使用户没有参与评论互动，或者用户本身的公共互动缺乏主动性，但这并非意味着此种传播没有交往意义。因为两岸用户通过同一网络空间，共同浏览或"看见"着一信息，其本身就存在一种仪式功能。可参考：詹姆斯·W. 凯瑞：《作为文化的传播》，丁未译，北京：华夏出版社，2005 年版。

新浪微博）中涉及两岸事务较为集中的内页为例，进一步考察两岸数字公共领域的现有生态。研究资料来源于从研究网站所获取的文本内容，同时，鉴于网络用户的表达常常呈现出某种模糊性，对于部分所涉及的两岸具体议题，研究辅以参照纸质媒体与网络媒体的详细报道。

网站 A 为天涯社区台湾版块。天涯社区在华人网络圈中向来具备相当影响力，在两岸网站研究中亦是主流对象。其台湾版块拥有两岸共同用户，不乏两岸时政、生活、文化等多元议题。由于该社区网络内容的庞杂性，后文所涉及分析主要限定于其精品帖。

网站 B 为台客网两岸交流版块。台客网主要由在陆台商构成，是大陆具有较强台湾人社群属性之网站。其两岸交流版块向"非台客"成员开放，可谓台湾民众主动建构两岸共同事务讨论社区之代表。

网站 C 为邱毅新浪微博。邱毅乃两岸知名公众人物，该微博是台湾政坛人物最早入驻大陆的微博之一，其内容常常引发议题热度。在两岸公共议题声音上，邱毅新浪微博具备着一定的话语影响力。

本文依据 Page 等人[①]开发的网页级别指标（Google PR），通过 Alexa 网站测量出上述三个网站的 PR 值分别为 7、5、9，说明网站具备一定的重要性。

从个案网站的经验资料看来，尽管不同网站的社区结构与管理制度存在差异，但当前两岸数字网络空间中确实呈现出某种公共领域的存在。三类网站都以微博主或楼主等"意见领袖"的发声为缘起，然后吸引社区内部成员聚集。来自两岸背景的用户表现出对共同话题的兴趣，并且能够主动参与其中。其中，网站 A 与网站 C 多从两岸时事话题或社会热点出发，网站 B 则体现出更强的社交性，少有政治话题，集中为私人事务、社区活动和文化经济内容。后文将基于议题设置、话语传播与用户关系三个层面，进一步论述两岸数字公共领域的参与机制。

（二）议题设置分析

依据研究网站提供的经验资料，两岸数字公共领域所呈现的大多为两岸公众日常较为熟悉的公共议题，因而较易吸引游离在数字网络中的"原子"个体。同时，基于社群组成与网站属性，个别话题亦带有私人或小群体特质。比如网站 B 中，不乏两岸商户发表的在地投资、商品交易等信息，其互动群体规模相

---

① Page, L., Brin, S., Motwani, R., &Winograd, T.（1999）.The PageRank Citation Ranking: Bringing Order to the Web.Retrieved From http://ilpubs.stanford.edu:8090/422/1/1999-66.pdf.

对较小，有反馈意向的用户又常常采用私信方式进行合作，论坛公共帖由是脱离"公域"，转入私人互动平台，实际已不属于本文讨论范围。

归纳三类网站，对于不同议题，社区用户态度之侧重亦有不同，比如，面对两岸对外事务，往往强调两岸共同体合作之必要，而回归至两岸关系系统内部，多关注两岸社会结构存在的差异与冲突，体现出两岸用户互动的某种复杂心理。总体观之，下述议题分布较为集中：一是两岸在国际关系传播中的对外事务，其中，包含美国、日本、俄罗斯、泰国、越南等与两岸地缘政治相关的国家被提及较多，在此类议题中，两岸用户的发声较为一致，常常表现出共同的民族向心力。二是两岸统合过程中的各项社会难题，包括两岸长久以来在历史、制度、法律政策等方面存在的差异与分歧，或社会民间交流中出现的新现象与新问题等等。其中，社区讨论有时的确能发挥"智囊"作用，为用户解决一些实际问题。如网站 B 中，便有名为"sakura"的网友提问"大陆机车证照可在台湾使用吗？"得到社区成员的热心解答。三是发布两岸各自的热点新闻与社会动态，客观反映两岸新近的社会情况；四是有关新时期大陆与台湾的发展情况以及两岸民众之间的交往沟通状态。其中多对两岸社会尤其是大陆近年来经济社会发展形势做出认可评价，有关民众交往的话题又以公益慈善、聚会旅游等活动为多。五是关于两岸理性对话之讨论。此类议题涉及两岸公众对话之中的摩擦、分歧与矛盾，尤其时常呈现出反思网络用户群体声音，关注于形塑合理有序的公共讨论空间。

表 1　三类网站代表性议题之分析

议题类型	范例描述	议题建构的"两岸"	议题隐喻
两岸面对之国际形势	"从泰国频繁的军事政变比较泰、日、韩、台的民主政治"（网站 A，2014/05/31）；"越南政府在近年一月一日颁布海洋法，将南海中的西沙及南沙群岛纳入其主权范围……两岸该合作了"（网站 C，2013/01/04）	国际政治格局中的两岸；全球化国家与地区博弈序列中的两岸。	两岸共同利益
两岸统合中的制度差异与社会问题	"从'太阳花运动'看蛋糕与自由抉择的两岸分歧"（网站 A，2014/04/14）；"一个远嫁台湾的内地女孩"（网站 B，2011/05/19）	两种社会制度的两岸；社会融合但摩擦尚存的两岸。	两岸共同体中的分歧与统合阻碍

议题类型	范例描述	议题建构的"两岸"	议题隐喻
两岸彼此在地新闻	"马云谈余额宝:即是短暂亦光荣"(网站B,2014/03/17);"在司法关说丑闻中,特侦组监听国会议长王金平和民进党总召柯建铭,可能是更加严重的丑闻"(网站C,2013/09/07)	互通有无、信息共享的两岸	两岸认知需求与心理关照
两岸社会发展与互动	"……这次到海口,昨日到琼海看投资项目,觉得海南变化好大也漂亮许多"(网站C,2013/05/27);"感恩张平宜:麻风村孩子的'台湾妈妈'"(网站B,2011/02/23)	发展变化的两岸;关系互助的两岸	两岸认知修正
两岸民间交往与理性对话	"从张悬举旗和台湾综艺节目引发的两岸网民争议,说两句话"(网站A,2013/11/05);"其实,台湾人在这块土地上(大陆,研究者注)生活了这么久,或多或少都有很多在地的好朋友……空间论坛也是我们生活的一部分,应当也要更开放一些,给已经融入我们生活的一些朋友们一起来参与……"(网站B,2011/04/08)	追求民众共识的两岸	两岸公共领域秩序之维系

(三)话语传播分析

由于两岸线上用户身份参差不齐,并存在匿名性等不确定因素,其话语书写实际呈现相当复杂面貌。从研究网站呈现的用户发言来看,两岸网络公共领域一方面在空间叙事上围绕两岸地缘系统,带有地理互动特征,又在时间叙事上与两岸新近动态保持一致,两岸用户在公共事务话题上呈现出较高程度认同。总体观之,依据三个网站之资料,我们认为两岸数字公共领域中存在如下话语传播模式:

一是"同心圆型"模式,即两岸用户围绕话题发起人发布的信息为中心,陈述各自观点,社区讨论呈现不断扩散之势。在此之中,亦不乏内部两两互动或多人互动。如网站A中所发布"两岸习惯大不同:吃饭篇"此一话题,引起社区成员对两岸饮食文化的兴趣,来自海峡两岸各地的网友通过描述自己当地的饮食习惯,进行分享与交流。

二是"偏离型"模式,即话题发起人虽有发布话题,但在随后传播过程中出现"失控",其他用户讨论实际已经偏离原有主题。此一情形反映出网络公共领域的不稳定结构。以网站 A 为例，一位名为"桃园阿靓"的楼主发出"一个台湾人来摘掉台湾人均 GDP 的光环"的帖子，本意旨在解构大陆关于台湾的刻板印象。但在随后的社区传播中，用户讨论逐渐演变为关于发帖人身份真实性的质疑，而并非原有话题。

三是"连环型"模式，即基于原有话题发起人的主题，用户自身延伸出新的内容与思考，将公共讨论的内涵扩大化。在网站 C 中，公众的评论回复就常常脱离微博主话题，形成个体之间的内部辩论，使得微博呈现出公共性色彩。

四是"孤点型"模式，即话题发起人所发布之话题并未引起或极少引起用户讨论，呈现出被"孤立"状态。此一情形在网站 B 中出现较多，发帖人在发布话题之后，常常出现零回复局面。值得指出的是，零回复并非意味着话题本身没有得到关注。因为一方面，社区用户可能采用公开"围观"之方式，仅仅通过浏览界面来接受信息；另一方面，用户之间也可能采用私信等非公共渠道进行内部传播，只是此类方式已经脱离公共领域，而进入私域互动环节。

（四）用户关系分析

进入两岸数字公共领域中的用户往往代言着多重身份，其既是广义而言，处于同一数字空间的"网民"，又因处于两岸共同体这一系统之中，呈现出鲜明的两岸关系特征。本文经验资料亦呈现出两岸网络公共领域中的用户关系主要基于两种情境：其一是社区成员之间相对较为熟悉，社区内部有着一套身份认证体系，进而保证群体成员结构符合预期。其二乃是较大规模的流动社区，其成员乃"离散"的个体，彼此之间通过话题聚集。并且，通过观察案例网站的用户讨论可以发现，网站结构越趋向开放，成员越复杂，其用户发言越不顾"面子"或"人情"，辩论的空间余地亦越大。但是，群体话语失控，讨论偏离主题的可能性亦更大。

分析两岸网络公共领域，必须意识到社区成员并非身份一致的网民，两岸用户实则还存在现实身份之距离。若将此种两岸角色属性置入考量，可以发现无论在何种社区结构之中，用户之间的群体意识分化仍然较为明显。

首先，两岸用户对自己作为"台湾人"或者"大陆人"这一身份有着区分性认同。尽管网络公共领域作为两岸之间互动桥梁，各类声音在此融合，但用户对于自身或他人的身份定位有着明确疆界，并往往通过 ID、标签、预先声明等方式强调自己的这种身份。如在网站 A 中，社区内部有着"湾湾"或"陆陆"等特指称呼，划分出用户群体界限，此种身份的确立又往往影响着对对方在话题讨论中的印象管理。

其次，社区或群体之间通过一系列管理手段或话语策略，达成对自我身份与群体关系的强化。话语资源乃标示不同身份的工具，不同群体通过不同叙事用作建构自我身份的手段，此种叙事亦会形成排外的意识形态[①]。以在网站 B 为例，其社区管理对"台客"与"非台客"身份有着严格区分，其"台客"作为主流群体，有着相当话语权力。一名为"JERRY"的"非台客"用户因社区限制大陆用户发言，发帖表达不满问道："只能在这一个版块发帖子是不是一种歧视？"反倒引起社区内部成员对原有社群规定的坚定支持。

值得指出的是，由于数字虚拟环境之特性，个体关于对方的"想象"往往只能通过话语来判断。换而言之，两岸网络公共领域中的用户身份本身存在强烈的不确定性。在网站 B 中，一位署名为"兔兔娘"，ID 为台湾用户的网友便指出："……在网路上是否台客很难说明清楚，我老公常冒充大陆的到处瞎掰，无聊当开心，他还是公务员呢……"可见，两岸网络公共领域中的用户有时处于一种多重身份甚至真实或虚构身份的转换之中。用户之间的关系实际取决于对象之间的话语意义，换而言之，关键不在于用户本身是谁，而在于用户说了什么。

三、两岸数字公共领域的功能与意义

依据本文所考察之三个网站的实际情况，用户通过数字空间讨论两岸话题，已经成为当前两岸生活的一种"日常真实"。作为两岸公共对话乃至公众政治参与行为的桥梁，数字公共领域沿袭了传统两岸交往中的人物、时间、事件等要素之间的互动，又有着一套网络场域自身的传播结构模式。基于当前两岸社会之间所存在的现实交流障碍，新媒体确实在媒介近用层面为两岸民众提供了前所未有的机会。面对两岸身份认同难题，数字公共领域至少可提供如下可能性：

其一，缓解两岸信息互动机制中的传播变形与认知误差。依据 Taylor[②] 的观点，由于人们周围世界所投影的途径总是存在某种局限，因此，认同常受外界认知误差的诱导。长期以来，两岸交往遵循着官方道路与民间道路两条线索，

[①] Ladegaard, H. J. (2012). The discourse of powerlessness and repression: Identity construction in domestic helper narratives. *Journal of Sociolinguistics*, 16 (4), 450 ~ 482.

[②] Taylor, C. (1997). The politics of recognition, in Heble. A., Pennee, D.P. & Struthers, J. R. (eds.). *New contexts of Canadian criticism*. Ontario, Canada: Broadview Press.

但在民间交流的现实情境中,关于两岸身份认同之讨论总是存在诸多政治敏感。在社会信息流动中,更常受制于个别党派或团体所"操弄",使民众无法窥测"真实"全貌。如哈贝马斯所认可,公共性本身的意义便在于评判功能。两岸网络公共领域的核心意义在于,能够通过数字网络的独特传播空间,开放两岸面对的共同议题,进而求同存异,消弭分歧,拉近价值认同。以网站C为例,邱毅在通过微博关注大陆突发性新闻事件的同时,常常发出盼大陆网友告知更多详情之请求,表明网络公共领域在两岸信息互通有无方面确实扮演着重要角色。

其二,适应媒介融合趋势,重构两岸共同体之组合方式。Smith和Kollock[1] 指出,在网际活动中,人们除了寻找各自需要的信息,还会自然而然地寻找某种归属感,这种归属感往往是通过进入某个社区获得的。新媒体情境冲击着原有以地域、宗族或商业活动为中心的两岸公共空间,在线上公开讨论社会新闻、交流生活经验建构了两岸另一种社会化关系。在数字技术所推动的媒介融合浪潮之下,大众媒介通过传达"紧密团结"的集体意识和共同文化,其在民族认同历史所发挥的功能作用并未变化。不过,由于全球媒介之统合,数字空间内部的文化边界正在消失,民族国家在某种意义上让位于超国家实体[2](莫利,罗宾斯,2001)。此观点投射于两岸数字公共领域,便是两岸网络社区并非以国家政治意志为核心的共同体,而是松散的、以议题为中心的共同体。这一方面打破了传统的两岸共同体概念,更在一定程度上使得两岸能够规避现实障碍,提升公共对话的有效性。

其三,提升两岸理性对话与自主互动的能力。Lee与Pratto[3] 指出,在过去数十年间,由于台湾民众意识里作为"中国人"大于"台湾人"的合法性权力已经改变,造成今日台湾民众身份认同之困局。依据其历史心理学之观点,影响目标群体身份认同的因素不仅在于血缘出身或族群特征,而是在相当程度上受制于群体权力。两岸目前的交往障碍在于,需要超越现有的内群体传播模式,

---

① Smith, M.A. & Kollock, P. (1999). *Communities in Cyberspace*. New York, NY: Routledge.

② 莫利·罗宾斯:《认同的空间:全球媒介、电子世界景观和文化边界》,司艳译,南京:南京大学出版社,2001年。

③ Lee, I-Ching & Pratto, F. (2011).Changing boundaries of ethnic identity and feelings toward ingroup/ outgroup: Examining Taiwan residents from a psycho-historical perspective. *Journal of Cross-Cultural Psychology*, 42 (1), 3~24.

提升两岸民众主动识别信息与理性沟通的能力。如 Wellman 等人 ①(2001)认为，高程度的互联网使用与人们政治参与的增长存在着某种相关性，线上互动由此成为日常交流的一种补充形式。在 Web2.0 来临之前，两岸民间难以获得关于两岸公共议题的大众参与方式。数字公共领域不仅为两岸公众提供了相对宽松的交往环境，也建构出两岸官方或团体组织新的公关渠道，进而促进当局以更为理解与同情的态度修正两岸政策，赢取两岸民心。

四、反思两岸数字公共领域的前景与问题

通过从理论层面对两岸数字公共领域进行梳理，并依据对三个网站的具体考察，我们认为数字网络技术的确提升了两岸信息认知的机会，为两岸交往创造了新的对话空间。处于两岸共同体中的个体用户在不同线上社区中依据群体认可或议题设置重新组合，形成新的两岸网络社群，这为重新解构与形塑两岸之间的身份认同创造了可能。不过，在此之中，用户依然自有其地域意识形态的隔阂。两岸网络公共领域的多元化公众背后尚存在一些棘手难题。

一是理性辩论与情绪释放之间的矛盾。类似网络舆论历来所受到的诟病，两岸数字公共领域中的用户声音往往呈现出参差不齐的面貌，极端情况下，公众辩论有时演变为两岸用户内部之间隔空交火，其结果是为了辩论而辩论，难以对公共议题提出有效解决方案。邱毅便曾在微博中暗示两岸此种对话存在的无序状态："如果从网路的评论内容来认识大陆真会产生极大的误解，若非我接触真实的大陆已有相当长的事件，否则早就放弃微博的沟通平台……"（网站 C，2013/02/28）。甚至有社区用户以"退出"行动来表达对网络公共讨论的失望之情："我从今日开始正式退出台版，不会再上来了，因为很难去跟大陆人讲道理"。（网站 A，2013 年 5 月 16 日）但需要指出的是，尽管数字公共领域客观上存在着理性缺席，但这并不能否认其之于两岸交往的意义。Liu（2008）在研究台湾与大陆互联网论坛与聊天室内的大范围情绪互动后曾指出，"情绪"并非简单无序的冲动，它往往象征着想法与价值判断，乃是"运用头脑"去取舍好坏的复杂认知过程。因而，我们或可这样理解：即使是公共领域内部的情绪释放，也必然成为两岸交换认知，达成理解的一部分。关键之处仍在于，如何

---

① Wellman, B., Haase, A., Q., Witte, J. & Hampton, K. (2001).Does the Internet increase, decrease, or supplement social capital？ Social networks, participation, and community commitment. *American Behavioral Scientist*, 45（3）, 436-455.

通过社区管理或意见领袖，创造、引导与调适两岸公共舆论，营造更有利于两岸关系的意见气候。

二是环境开放与社区限制之间的矛盾。数字公共领域在开放两岸公共舆论平台之同时，也面临着话语失控与环境"噪声"的困境。为了降低外群体影响，维系自身群体之权力，如本文所发现，以网站 B 为代表的社区又不得不制定一系列过滤机制，设置社区成员的准入门槛，同时对社区内部之发言进行一定的话语管制。依据 Appiah[1] 的观点，认同的产生固然是"好"的。不过，一旦认同建构出某种意义，它必然会反馈到个体的外部环境，使得事情往往超出自身的选择范围。这意味着，当主体确认归属于某一群体的同时，也就自然向外群体划出了"界限"。于是我们不得不反问，网络社区所设置的一系列用户与话语限制，是否会在另一层面形成群体排斥，影响两岸理性交往？又如李明颖[2] 所提醒，互联网的工具理性常常被夸大，其中的"潜水者"反倒受到忽视。拒绝被归属于特定族群的潜水者，限制着互联网参与的潜能。那么，如何考察两岸数字公共领域中"潜水者"，他们是基于主观原因选择在开放情境下沉默，抑或是因为受制于社区发声限制？进而观之，如何提升两岸用户在数字公共领域的参与性？在承认多样性与开放性的数字空间内部，群体交往规范反倒易被忽视，甚至两岸在现实交往中存在的一些障碍亦会被带到线上。因而，两岸社区同样需要考量如何保持群体内部空间与外部空间的距离。

三是线上参与与现实意义之间的矛盾。数字网络技术为政治导向对话创造了新的公共领域，但这一公共领域是否能超越传统意义而言的公共领域并非取决于技术本身[3]（Papacharissi, Z., 2002）。如果说两岸数字公共领域的优势在于吸收用户参与以及进行话题动员的能力，那么随之而来的问题是，它如何通过公共舆论影响现实两岸关系。当前两岸关系存在的交往困境在于，两岸日益紧密的经济与社会联系似乎并未能与两岸的政治接近形成同步。那么，两岸在数字公共领域内的互动结果如何作用于现实政治对话，能否解决现实问题？完成线上讨论后的用户，是否会延续此种身份认同建构经验，继续将其带入日常两岸交往。如果不能衡量两岸数字公共领域的现实政治影响，那么，我们又如何

① Appiah, K.A.（2005）. *The ethics of identity.Princeton*, NJ：Princeton University Press.

② 李明颖：《网路潜水者的公民参与实践之探索：以'野草莓运动'为例》，《新闻学研究》2012 年第 112 期。

③ Papacharissi, Z.（2002）.The virtual sphere：The internet as a public sphere. *New Media & Society*, 4（1），4，9～27.

判断其实践意义？或者，我们又可转换另一种视角，将数字公共领域视为日常生活的一部分，虚拟社区之对话本身便是"真实"的互动，是"有意义"的参与行为，与两岸认知视为一个整体。上述种种方面，都是需要厘清的问题。

　　总而言之，当前两岸交往已经进入一种多领域、多主体、多媒介的互动局面。两岸民众的身份认同亦受地理空间、群体话语、历史传统、传播权力与意识形态等影响，需要经历一个长期调适过程。尽管数字公共领域为两岸关系建构了新的交往逻辑，但在数字网络技术所提供的乐观前景背后，实则还存在着多重交往困局。审视两岸数字公共领域，其合理的公共性还需建立在两岸共同的默契与准则之上，新媒体语境中"虚拟"的身份认同与公共生活应当融入线下行动，与现实两岸交往相整合，在两岸共同的身份场域内，解决两岸具体的公共问题，进而建构整体和谐的两岸关系。

社会认同视角下的海峡两岸数字公共领域构建

谢清果　杜恺健

　　随着两岸政治联系上的完全停摆，目前两岸的交流完全停留在民间层面，如何通过民间的交往进而促成政治上的交往破屏已经成为当前台湾问题的核心。当前互联网媒体所形成的公共空间正逐渐成为两岸民众自由交往与形成共识的便捷渠道，而在社会认同理论的视角之下，两岸公共领域建设是一个试图在可以自由对话、商谈的空间之中，通过批判、理性的交往行为来改变两岸交流的交往机制，并进而改变两岸对自我范畴的分划，促进两岸之间的社会认同，并进而形成两岸统一的交往机制。通过对"贴吧远征"事件的分析，我们认为网络公共空间为两岸之间的理性对话提供了交流的空间，而这一空间恰是用来争取两岸社会认同的重要手段。有了理性的沟通，平等自由的对话得以实现，通过言语和媒介来改变群体关系的可能得以实现，才能够改善两岸社会认同的现状。当两岸之间的群体认知差异趋同之时，也正是实现两岸"一家亲"之日。

　　随着台湾当局迄今未承认"九二共识"，认同其核心内涵，两岸交流的政治基础受到动摇，导致两岸政治上的联系沟通机制完全停摆[①]。目前两岸的交流完全停留在了民间层面。如何通过促进民间层面的交流进而促进政治上的交往破冰已经成为当前台湾问题的核心问题。在民间交流上，虽然两岸之间有着相似的社会历史情境，但在经历了教改以及前执政党民进党极力推行的"去中国化"

---

①　国台办：《国台办：导致两岸联系沟通机制停摆的责任完全在台湾一方》，2016 年 6 月 29 日，http://www.gwytb.gov.cn/wly/201606/t20160629_11495074.htm。

运动之后，虽看似两岸所使用的话语极为类似，但其核心内涵已有诸多不同。[①]因此重新塑造台湾地区对于中国的社会认同应是当前两岸交往迫切需要面对的问题。

另一方面，随着网络社会的崛起，网络以及数字公共领域已经成为当前两岸交往的重要空间。由于网络所具有的便捷性与即时性，互联网媒体所形成的的公共空间正逐渐成为两岸民众自由交往与形成共识的便捷渠道，公共领域也因此是探讨中国网民民主政治的主要分析框架[②]。在台湾方面，互联网正逐渐成为台湾地区覆盖率最广的几个媒介之一。[③]因此讨论数字公共领域之中两岸社会认同的构建对于加强两岸民间交往有着重要的意义。

一、公共领域理论中的社会认同

关于认同的问题，安德森认为"民族"是一种想象的共同体，本质上是一种群体认同的认知倾向，是一种社会心理学上的"社会事实"，是一种意识形态的建构，其本身就是在追寻一种共同体的认同[④]。卡斯特则将民族定义为"借由共同的历史及政治目标，以人民的心智及集体记忆所建构的文化共同体"。为此卡斯特提出了一个假说，语言才是国家自我认知的特征，因为语言才是个人领域与公共领域、过去与现在的桥梁。在此基础之上卡斯特进一步提出一种计划性的认同。认为社会行动者可以基于他们能获得的材料，建立一个新的认同以重新界定他们的社会位置并借此寻求社会结构的全面改造。[⑤]在这种认同过

---

① 以台湾地区新闻学类本土化的教科书为例，在 70 年代时，台湾地区的"本土化"即指中国化，朱传誉在《先秦传播事业概要》《先秦唐宋明清传播事业论文集》、《中国民意与新闻自由发展史》中都强调对于中国古代新闻事业的研究是基于新的传播学观念，用新的方法来研究新的中国新闻事业。（朱传誉，《中国民意与新闻自由发展史》，1974，朱传誉，《先秦传播事业概要》，1973；朱传誉，《先秦唐宋明清传播事业论集》，1988）。这一情况一直到 20 世纪 90 年代初期关绍箕的著作之中都还能见到（关绍箕，1994）。但在世纪之交这种"本土化"的定义正逐步发生改变，关绍箕在《实用修辞学》一书中就开始将实例分为了"中国"以及"台湾"两个方面，（关绍箕，实用修辞学，1993）。后来在林丽云的《台湾传播研究史：学院内的传播知识生产》则更是认为当前在地化（即"台湾化"）的"本土化"运动已经代替了之前传播学中国化式的本土化运动（林丽云，2004）。

② ZhengY, & WuG. (2005). Information Technology, Public Space, and Collective Action in China. *Comparative Political Studies*, 507-536.

③ 台北市媒体服务代表商协会：《台湾媒体白皮书》，台北：台北市媒体服务代理商协会，2015 年。

④ 本尼迪克特·安德森：《想象的共同体：西方民族主义的起源》，上海：上海人民出版社，2005 年。

⑤ 伊曼纽尔·卡斯特：《认同的力量 .》，北京：社会科学文献出版社，2006 年。

程的建构过程之中，新兴媒介作为一种新的想象形式为"重现"民族这种想象
的共同体提供了技术的手段。① 社会认同作为一种建构是公共领域的重要组成
部分。公共领域在哈贝马斯看来有两层内涵：一是作为历史性的概念，指的是
一个像俱乐部、咖啡馆、沙龙之类的公众可以就公共事务、公共政策展开自由
交谈、公开讨论和激烈批判的公共空间，这一领域介于私人领域与国家权力领
域之间的领域；二是一个可以对民主进行批判反思，发挥评判功能并实现现代
政治认同和社会整合的规范性概念②。在这里，公共领域就与社会认同有了一
定的联结。公共领域在哈贝马斯看来是建立在对谈之上的，公共领域为公共交
往的现代性铺垫了历史背景，进而与哈贝马斯的交往行动理论相结合，通过对
话，人们的交往就可以具有一种确定无疑的前提，即一种从来未有的普遍的一
致性，以此构建基于生活世界的理想的交往程序，就可以形成一种普遍的一
致。崔萌认为哈贝马斯通过主体间性的交往理性，重建了历史唯物主义的规范内涵，
以生活世界的合理化原则实现了社会集体认同的建构③。至于如何进行交流与对
话，哈贝马斯则提出了商谈民主这一民主方式，商谈民主是以交往理性和话语
伦理为核心构想的一个话语政治模式，它主张在全球化的进程中，民族国家应
当在保持民族完整的情况下，持有一种理性开放的态度，同各种新的文化生活
方式展开对象和交往，在公共领域的对话商谈中达成公共意志，并以此来实现
社会整合。④ 哈贝马斯通过欧盟的例子认为"建立起欧洲政治公共领域的交往
网络：它扎根在共同的政治文化当中，基础是市民社会，包括诸多不同的利益
集团非政府组织公民运动等"⑤。崔萌将此理解为通过建构欧洲公共领域来建构
欧洲商谈民主的社会空间，即将商谈民主思想引入市民社会，为公民提供集体
决策和参与商谈的权利和机会，并深化欧盟超国家机构和民主共同意识来重构
欧盟政治共同体。⑥ 因此通过对话来促进公共领域的建设并以此实现社会认同

---

① 本尼迪克特·安德森：《想象的共同体：西方民族主义的起源》，上海：上海人民出版社，
2005 年。

② 尤尔根·哈贝马斯《公共领域的结构转型》，上海：学林出版社，1999 年。

③ 崔萌：《民族国家的认同危机及其社会整合——哈贝马斯后民族结构理论分析》，博士学
位论文，山东大学，2015 年。

④ 崔萌：《民族国家的认同危机及其社会整合——哈贝马斯后民族结构理论分析》，博士学
位论文，山东大学，2015 年。

⑤ 尤尔根·哈贝马斯：《包容他者》，上海：上海人民出版社，2002 年。

⑥ 崔萌：《民族国家的认同危机及其社会整合——哈贝马斯后民族结构理论分析》，博士学
位论文，山东大学，2015 年。

的实现在哈贝马斯看来是真切可行，当前两岸局势的扑朔迷离恰在于两岸之间的对话空间因为政治压缩而逐渐失声。由此可见通过两岸网络对话构建两岸数字公共领域实现两岸对话的交往理性势在必行。

另一方面，在社会认同理论之中，交往也是实现社会认同的重要手段。社会认同论是一个受到社会身份论启发而建立的理论。它认为社会行为不但能从个人心理素质来理解，要全面理解社会行为，就必须研究人们如何建构自己和他人的身份。社会认同论者认为人们会用自己或他人在某些社群的成员资格来建构自己或他人的身份，依据社群成员资格来建构的身份成为社会身份，而依据个人的独特素质来建构的身份被称为个人身份。[①] 豪格和阿布拉姆斯则认为社会认同理论是通过关注集体资格的社会心理性质来处理问题，通过去了解群体之中人们的社会心理，即他们的群际和群内行为（豪格 & 阿布拉姆斯，2011）。虽然社会是由个人构成的，但社会被形塑为不同的社会群体和范畴，人们的视角、观点和实践都是从他们所归属的群体中获得的。不管人们属于哪个群体，重要的是人们所归属的群体对于决定其人生体验具有重要的意义，群体对个人的认同有深远的影响。因此认同理论的意义在于发现人们是怎样认同一个群体的，这种认同的后果是什么。Gramsci 认为社会认同理论应当围绕这些问题展开：社会如何将自我概念赋予个人？社会怎样以群体为中介建构个体？这里的群体是以规范实践或共识实践的形式体现出来的。反过来，个体又怎样生产了群体？[②] 在这种社会建构的过程之中，语言与交往发挥了重要的作用，虽然早期的社会心理学并没有将语言给予特殊的地位，与此相反，它与早期的传播学一样只将其视为一种信息传递的过程。但随着其他学科之中语言学的转向，心理学也逐渐意识到传统社会心理学中的缺失，语言不再仅仅只是日常世界之中不受质疑的背景社会。豪格和阿布拉姆斯指出语言已经超出了个体主义心理学的概念工具的解释力。语言是一种源自互动的突生特质，他超越个体性，具有类似于主体间性和规范性等集体心智现象的特质（豪格 & 阿布拉姆斯，2011）。在社会心理学之中，言语和语言能够传递社会标识，也就是能够体现言说者的人格、社会地位、社会群体资格等方面的信息正逐步受到学者们的注意。社会认同论的方法是以社会认同论作为一种中介，将群际关系以及与这种关系

---

① 温静、谭俭邦，赵志裕：《社会认同的基本心理历程——香港回归中的研究范例》，《社会学研究》2005 年 5 月。

② GramsciA. (1971). *Selection from the Prison Notebooks*. London: Lawrence & Wishart.

的主观感知和语言结合在一起的方法。Giles 和 Johnson 采用社会认同视角，提出了"族群语言认同论"，它将客观社会结构因素与实际语言使用相结合，用来处理语言和族群关系的问题，Giles 则提出言语调整理论来说明群际之间的交流是如何通过语言和言语的调整，来改变社会认同和群际关系。豪格和阿布拉姆斯认为言语风格、语言风格是社会认同的特质，它们可能是有关社会群体的一种刻板印象，或者是区分社会群体的标准①。

由此我们发现，社会认同理论在处理交流时是将语言视作一种关于内外群体的刻板印象。在群体的背景之下，对于语言或言语风格的规范是自我范畴化过程而产生的。这一理论对于实行"一国两制"的中国而言实则有很大意义。在社会制度不一样的前提之下，如何通过处理交流规范来保证不同地区的人保持同一种自我范畴认知就成了一个很重要的问题。潘一禾就认为中国语境下的"社会认同"不只是家乡和同乡观念换代升级，而是希望在传统的"国家"和"家乡"这二者之间强化一种"中间层面"的公共领域，进而让更多的中国从"国家—乡土"的双重认同转换到"全球—国家—社会—家族"的多重认同，进而形成一种全民共同发展的认同感和归属感②。赵志裕、温静、谭俭邦在分析香港回归前夕香港青少年对自己身份认知时认为必须通过提高社群群员对社群的认同来使得香港的青少年认同自己中国人的身份，在这里对于"中国人"的言语建构即是通过社会认同论来进行解释的③。此外王茹在分析两岸交往之中"两岸族"（即生活在大陆的台湾人）这一特殊群体时也是认为通过交流，在大陆的台湾人通过言语的调试使得自己成了混合台湾和大陆思想的新台湾人④。也就是说，通过社会认同的理论视角，来处理两岸不同社会制度的群体之间形成共同的自我认知范畴，是有可能实现的。

另一方面，这种社会认同恰需要通过公共领域对言语或语言的建构来实现，这是实现不同群体之间理性交往与对话的重要方式，也是促进群体之间相互承认的重要方式。正如哈贝马斯所说："理性的检验尺度是其主体间性，合乎理性

① 豪格·A.迈克尔，多米尼克·阿布拉姆斯：《社会认同过程》，北京：中国人民大学出版社，2011 年。
② 潘一禾：《当代中国青年的社会建设参与和社会认同构建》，《中国青年研究》2008 年 9 月。
③ 温静、谭俭邦、赵志裕：《社会认同的基本心理历程——香港回归中的研究范例》，《社会学研究》2005 年 5 月。
④ 王茹：《"两岸族"台胞的社会身份认同与两岸命运共同体——从社会认同理论的本土文化心理机制出发的阐释》，《台湾研究集刊》2010 年第 1 期。

是作为主体的社会化的个人，在言语互动作用即人际交往中获得的资质。"[①] 通过主体间在相互承认和尊重对方主体身份的前提之下的不断对话和交往，将双方在日常生活之中主观感知转化为一种群体认同，是两岸在交往之中可以努力的方向。

由此，我们认为社会认同视角下的两岸公共领域建设应该是一个试图在可以自由对话、商谈的空间之中，通过批判、理性的交往行为来改变两岸交流的交往机制，并进而改变两岸对自我范畴的分划，促进两岸之间社会认同，并进而完成两岸统一的交往机制。

二、"贴吧远征"：两岸数字公共领域建构社会认同的一次意外建构

2016 年 1 月，在百度贴吧"李毅吧"的号召之下，大陆网民以"反台独，促统一"的口号，在蔡英文、三立新闻、苹果新闻等 facebook 主页大量发布评论刷屏，逼迫三立新闻、蔡英文的 fb 主页或是关闭评论，或是删文。因此次事件大量网民通过"表情包"这一网络独特的行为方式进行交流，故此次事件被称为"FB 表情包大战"或"贴吧远征"[②]。而在这场看似非理性的大战之中，实则拥有着许多理性的交往与对话，因此值得我们对"贴吧远征"中公共领域之下社会认同的建构做一番分析。

在此次事件之中，"远征"的主要参与方式是通过在蔡英文、三立新闻等 facebook 主页上大量发布评论刷屏。对此各大主页均是以回复来作为回应"爆吧"行为的方式，在这种情形之下，双方都是建立在以对话为基础之下的交往行为，因此笔者认为它符合以两岸用户为主题，基于开放讨论方式，追求公共生活交流的共同意义空间的两岸数字公共领域的定义。[③] 下面我们将探讨在这一公共领域之下，"贴吧远征"是如何完成其社会认同的理性交流的。

在"贴吧表情包大战"征战之初，就呈现一定的理性与组织性。通过在 FB 上建立公开小组作为开战的基地。同时在贴吧上已经做好了专门的分工，如第一小组负责收集关于"台独"的言论和图片，第二小组负责发帖招人，第三小

[①] 章国锋:《关于一个公正世界的"乌托邦"构想——解读哈贝马斯〈交往行为理论〉》，济南：山东人民出版社，2001 年。

[②] 因为之前所发生的爆吧行为主要指在大陆进行，此次表情包大战是"李毅吧"第一次在境外网站开展爆吧行动，故又称为"远征"。

[③] 谢清果，王昀:《两岸网络公共领域中的身份认同及其交往逻辑的功能考量》，《台湾研究》2014 年 5 月。

组负责制作反"台独"图片和言论等等。[①] 在他们制作这些图片的时候，他们的目的非常明确，就是为了介绍大陆对于周子瑜事件的看法，并且为了中国形象的考虑，他们必须做出如此明确的分工。[②]

在事件初期，贴吧很快占领了各大主页的版面，在这期间并没有出现所谓的对话的情况。在这段时间内网民的行为大多反映了一种网络民族主义的倾向[③]。但需要考虑的是，事件初期所呈现的单方面的屠版乃是在台湾地区网民没有反应的情况之下产生的，而要讨论公共领域之中的交流，我们必须去考察在台湾网民参与进来之后，双方之间的交流与对话，这样才能够体现出在社交网站这一公共领域之下大陆网民与台湾网民的交流。

"远征"在后来的发展，按照参与者的话来说，双方都享受着这种交流，而这已经不是战斗，变成一场狂欢了。[④] 虽然贴图大战已然还在进行，但是在这里更多的是一种调侃的意味，部分大陆网民甚至还热心为台湾网民解答着各种关于贴图的问题。而台湾方面也以一种调侃的姿态面对着这一大波表情包的袭击。而更多的大陆网民与台湾网民在这时甚至开始聊起了美食、电视剧等话题甚至于开始讨论两岸应当如何才能统一的问题。[⑤] 如果从这层意义去观看社交网站上留言板上的信息，"贴吧远征"已经摆脱了原先"出征"之中所蕴涵的讨伐与争斗的意味[⑥]，进而形成一种交往理性的可能。当双方开始有所交流之后，政治的意识形态不再表现得那么强烈，取而代之的是一种娱乐化的交流。这其中包括大陆网友所发布的大陆风光照以及各地美食，不仅有网友向台湾报纸的小编报起了菜名，台湾网友也开始向大陆讨教这些美食在网上该如何购买（汤景泰，2016）。甚至大陆专属的表情包也被台湾网友拿来向大陆网友讨教。正如参与的

---

① 黑镜：《亲自参加两岸 facebook "表情包大战"是一种什么样的体验》，2016 年 1 月 20 日，http://www.pingwest.com/fighting-with-fun/。

② 黑镜：《亲自参加两岸 facebook "表情包大战"是一种什么样的体验》，2016 年 1 月 20 日，http://www.pingwest.com/fighting-with-fun/。

③ 王喆：《"今晚我们都是帝吧人"：作为情感化游戏的网络民族主义》，《国际新闻界》2016 年第 11 期。

④ 黑镜：《亲自参加两岸 facebook "表情包大战"是一种什么样的体验》，2016 年 1 月 20 日，http://www.pingwest.com/fighting-with-fun/。

⑤ 黑镜：《亲自参加两岸 facebook "表情包大战"是一种什么样的体验》，2016 年 1 月 20 日，http://www.pingwest.com/fighting-with-fun/。

⑥ 刘国强：《作为互动仪式的网络空间集体行动》，《国际新闻界》2016 年第 11 期。

人所说，"远征"在此时已经变成一种相互的调侃。[①] 在这种情形之下，"远征"的目的不再是为了宣泄民族主义，不再是一种"非理性"的争斗。[②] 这种由"互喷"转向调侃乃至聊天的行为恰说明网络公共空间的作用在于提供了一个使双方可以相互理性交流的空间。在某种程度上，网络空间满足了哈贝马斯关于公共领域理性对话的需要。

另一方面，这一种理性对话的根源不仅仅只源于两岸基于文化的认同，正如泰弗尔所说，社会认同指的是个体知晓他/她归属特定的社会群体，而且他/她所获得的社会群体资格会赋予其某种情感和价值意义（泰弗尔，1972）。"贴吧远征"之中的"交往"不仅仅是对文化认同的认可，更是对社会认同的期待。参与者曾提及她曾与台湾网友讨论台湾应该如何统一的问题。[③] 实际上这种统一正是建立在社会认同之上。而在"贴吧远征"之中，关于两岸的交流也不仅仅只停留在文化层面上，"贴吧远征"表面上所代表的亚文化的狂欢（汤景泰，2016；李红梅，2016），实质上更是在交往之中促进双方的社会认同。大陆与台湾网民可以在互联网这样的公共空间之下探讨像美食、电视剧，或是大陆网民向台湾网友普及表情包的知识。实质上正是大陆与台湾双方在寻求对同一个社会群体认同的判定。从这种交流之中，那种属于心里的墙才会逐渐消失（老培，2015）。正如参与者所说，整个骂战，斗图到最后变成了互相讨论美食和美景的时候。就说明，只要有交流的意愿，总比两个人不说话强，fb大战的目的不在于说服任何一方，而是让双方知道，双方都是活生生的人（黑镜，2016）。当认识到双方都有交流意愿之后，才有可能为接下来社会认同的建构奠定基础。

由此我们可以发现，网络公共空间为两岸之间的理性对话提供了交流的空间，而这一空间恰是用来争取两岸社会认同的重要手段。虽然大多数人认为不能单从此次"远征"之中有所交流就认定它搭起了两岸社会认同的桥（汤景泰，2016；杨国斌，2016）。但此次"远征"确实建构了一种两岸社会认同的可能，并为接下来实现这种社会认同埋下了伏笔。

---

① 黑镜：《亲自参加两岸 facebook "表情包大战"是一种什么样的体验》，2016 年 1 月 20 日，http://www.pingwest.com/fighting-with-fun/。

② 邹思聪：《如何理解"网络出征"》，2016 年 2 月 1 日，http://www.chinesepen.org/blog/archives/45586。

③ 黑镜：《亲自参加两岸 facebook "表情包大战"是一种什么样的体验》，2016 年 1 月 20 日，http://www.pingwest.com/fighting-with-fun/。

三、构建两岸数字公共领域，促进社会认同的几点思考

既然在数字公共领域之下的两岸的社会认同建构正逐渐成为可能，那么我们需要思考的就是如何促进在数字公共领域之下的社会认同建设。以下是笔者对此的思考。

首先，在理性交往之下，还需要明白社会认同不等于文化认同。哈贝马斯在讨论交往理性时虽曾多次提到文化认同，但在交往理性之下建立的不仅仅只是文化认同，而是一个更大的概念，即社会认同。文化认同是指人类对于文化的倾向性共识和认可，人类个体或族群因此产生归属意识。[①] 弗里德曼认为文化认同必须通过社会社群才得以出现，而文化过程应该被理解为人在本身可被分析的生活世界、生活空间和生活经验。由此我们可以发现文化认同是必须建立在社会经验之下才能够成立的概念。只说文化认同实质上是对现实生活世界的一种分割，这很容制造出一个看似非常和平、迷人的世界[②]。因此用社会认同论取代文化认同应该更能说明这其中的问题。例如在《甄嬛传》播出之时，就有台湾作家认为"《甄嬛传》在大陆和台湾同步播出时，很多大陆网民在论坛上跟台湾网民热烈讨论，非常和谐。原来能把两边的人拉近的事情，可以不涉及意识形态，而是一些最生活化的事情，让大家产生了共鸣。"这种可以拉近大家距离的认同，不仅仅只是文化上的共鸣，更是两岸在生活方式上的趋同。社会认同认为社会范畴化是导致社会分群的重要因素，因此用社会认同论取代文化认同应该更能说明这其中的问题。[③] 特纳认为范畴化的过程会将自身与其他内成员的相似性最大化，将外群体成员之间的相似性最大化，同时增强夸大群体之间的差异性[④]。当下两岸的社会认同不同的原因即在于台湾方面过度夸大了大陆与台湾这两个同属中华民族内的两个群体的不同。台湾地区在经历民主改革以及"去中国化"等一系列运动之后，不同的认知过程与不同的社会过程逐步确立了这种不同社会认同的范畴。这一分化不是单从文化认同这一个方面就能解释得清楚的。这也就解释了为什么两岸虽然在文化上有诸多相似之处，但却不能彼此相互认同的原因。因此从社会认同视角来讨论两岸数字公共领域建设要比文

---

① 郑晓云：《文化认同与文化变迁》，北京：中国社会科学出版社，1992 年。

② 弗里德曼：《文化认同与全球性过程》，北京：商务印书馆，2003 年。

③ 豪格·A.迈克尔，多米尼克阿布拉姆斯：《社会认同过程》，北京：中国人民大学出版社，2011 年。

④ Turner, Jay R. Social Support as a Contingency in Psychological Well-Being[J]. *Journal of Health & Social Behavior*, 1981, 22(4):357.

化认同论的视角来看要全面得多。

其次，当我们转变视角由社会认同理论来看，语言和沟通是我们改变这种不同社会认同最重要的媒介。豪斯和阿布拉姆斯认为语言使刻板印象变得明晰而具体，人们会用更动态的方式来使用语言或言语，目的是强化范畴间的差异或是瓦解这种差异。① 有学者认为过去一段时间台湾方面的交往方式主要以"独白"即自说自话为主，这一情况直到马英九时期才有所改善。② 到了蔡英文时期，情况可以说是又倒退回了"独白"时期，在这种情况之下，就更需要我们在数字公共领域之中的交往之中，通过"对话"式的交往去瓦解这种社会认同的差异。前文提及的"贴吧出征"，实际上就是通过"表情包"这一种比文字更动态的媒介来瓦解社会认同差异。通过语言或沟通方式的变化，人们会感受到既有刻板印象与当下的不同，进而改变双方彼此已有的认知，就像"表情包"那样既改变了台湾网民以往对中国网民的刻板印象，又使得两岸的网民再一次进行了"对话"。两岸数字公共领域可以说是是近年来台湾方面实行"独白"策略之后，两岸实现"对话"的新兴的沟通方式与手段。通过改变沟通手段来改变社会认同正是我们两岸数字公共领域本身就应有的任务。

最后，两岸社会认同的建设必须建立在两岸有理性对等的交往之上。早在之前就已经有学者指出两岸命运共同体的显现、维系和生长已经不能够离开公共生活的参与，不能够离开公共生活内真诚的沟通和意义的分享。③ 虽然因为台湾地区当局的原因，现阶段两岸的政治往来已经停摆，但两岸之间的交往并不能够因此停摆，这也不符合两岸人民的共同利益。而两岸数字公共领域的作用恰在此时就得以完全体现出来，它承担着两岸人民之间友好交往的重担。因此保证这种交往在理性、对等的条件之下进行也是两岸数字公共领域迫切需要的条件。这种交往既不能在台湾网民所谓"在 ptt 是什么都骂，不要以为只骂你们陆陆"④ 的"喷子"心态之下进行。同样也不能够在"贴吧远征"初期网络民族主义泛滥的情形之下进行。两岸之间的交往应是理性的、经过思考的。正如

① 豪格·A.迈克尔，多米尼克·阿布拉姆斯：《社会认同过程》，北京：中国人民大学出版社，2011年。
② 唐桦：《两岸关系中的交往理性初探》，《台湾研究集刊》2010年第3期。
③ 王茹：《"两岸族"台胞的社会身份认同与两岸命运共同体——从社会认同理论的本土文化心理机制出发的阐释》，《台湾研究集刊》2010年第1期。
④ 天涯论坛：《台湾最火的PTT论坛 文学板 34个板面 前三名竟然都是大陆网络小说!!》，2011年6月17日，http://bbs.tianya.cn/post-333-108771-1.shtml。

哈贝马斯所说商议的目的一般来说是合理地推动的一致意见，并且是原则上能够无限地进行或在任何时候恢复的[①]。这种商议仅有在理性对等的交往之下才能实现，通过这种交往形式，可以形成一种特定的法律共同体，并公平地调整其共同生活的条件，这也就意味着把每一个交往共同体联结起来。[②]

四、结语

不可否认的是，数字公共领域作为近年来新兴的公共领域类型，它的出现对于原有传统公共领域的冲击自是不小。这一点类似于哈贝马斯在其《公共领域的结构转型》中所提及的大众媒介的出现一定程度上瓦解着传统大众媒介所构建的公共领域。但不管公共领域的类型如何变换，保持着理性沟通与交往的交往行为理论的实现仍是公共领域一直努力的方向，在这一点上数字公共领域与其他公共领域类型的目标也是一致的。有了理性的沟通，平等自由的对话得以实现，通过言语和媒介来改变群体关系的可能得以实现，才能够改善两岸社会认同的现状。当两岸之间的群体认知范畴的差异弥合之时，也正是实现两岸"一家亲"之日。

---

① 尤尔根·哈贝马斯：《事实与规范之间》，上海：上海人民出版社，2003 年。
② 尤尔根·哈贝马斯：《事实与规范之间》，上海：上海人民出版社，2003 年。

两岸数字公共领域与文化认同的
现实考量与学理前瞻

谢清果　李　淼

在当前两岸关系和平发展的时代背景下，一方面，大量跨两岸的权力、利益和责任的存在加深了两岸之间关于国家事务、内部事务对话的必要；另一方面，由于受到历史问题、政治关系定位和地缘因素的影响，两岸民众对于公共性话题和文化议题的讨论仍然受到一定限制。因此，有必要在新媒体时代通过构建两岸数字公共领域来突破现实两岸社会结构的障碍，从而开辟出一条两岸民众对话的新路径，有助于消解猜疑，凝聚共识，增强政治互信，促进文化认同。

伴随着两岸关系近年来的和平发展，两岸通过双方的交流交往，构建了越来越多的集体记忆与共通观念。而面对当前台湾社会各方面涌动的"去中国化"的思潮和动向，我们越发地发现认同是一种心理因素的同时，更是一种软力量。杨丹伟指出："通过共同社会生活来建立共同的制度、共同的情感和共同记忆，从而奠定两岸之间的集体认同，为两岸关系的进一步发展提供了重要平台，是为解决两岸认同问题的治本之道。"[1] 倪永杰也认为："当前，对于中华文化的认同逐渐成为两岸共同愿景，形塑两岸共同价值成为两岸同胞共同的历史性任务。"[2] 因此包含文化认同在内的族群认同、身份认同以及台湾民主对大陆的消极认同等，都是现阶段两岸关系中需要我们跨越的鸿沟。

对于现阶段与未来两岸关系的发展，有学者曾将两岸认同分为了以下五个阶段，即"敌对"—"不敌对"—"利益相关者"—"群体资格"—"认同重

---

① 杨丹伟：《两岸关系和平发展新思维的理论分析》，《台湾研究集刊》2010 年第 4 期。

② 倪永杰：《两岸共同价值的意涵与形成机制》，《中国评论》2009 年 9 月号。

构"渐进地发展 ①；并且指出同一时期不同的人群可能处于不同的发展阶段。对于这第五阶段，我们需要反思现阶段的两岸认同到底是什么的同时，思考认同重构的组建过程又该在现有途径与手段上进一步进行何种的尝试？新加坡国立大学郑永年教授曾指出："在台湾问题上，中国大陆所需要的不是消除台湾认同，而是要在台湾认同的基础上再创造一个'中华'或者'中国'认同。" ② 与此同时，"认同"这股力量也日渐影响到两岸民众的社会文化心理，从而进一步触及其公共领域。纵观近年来两岸的重大社会公共事件，从 2008 年的台湾部落格选举与 2009 年台湾的莫拉克八八水灾的部落格动员，到 2014 年的"太阳花学运"；大陆从厦门 PX 事件到广东番禺垃圾焚烧事件等；这些都表达了民众对于公共领域现状是否认同的一种态度，并依此做出自己的行为判断。在这其中，我们看到两岸民众在公共事件与公共领域参与中话语权提升的同时，不容忽视的事实是，网络新媒体在其中发挥了举足轻重乃至决定性的作用。

由于权力的制度化手段和沟通手段的彼此融合已经变得越来越有效率，那些现在指挥着它们的人逐渐掌握了人类历史上前所未有的统治工具 ③。这就是新媒体环境下的数字媒体与公民公共生活的高效联结。新媒体下的"文化因子"是一种具有象征意义的"包裹"(packet)，易于在大众中传播，因为它容易模仿，又可以根据个人的需求进行调适，也可以广泛地与他人共享。④ 在这其中，也形成了与争议性问题相关的、对集体性身份认同进行共同阐释的协商过程。⑤在这里，我们看到了数字公共领域区别于遭遇诸多制衡的传统公共领域其自身所具备的潜力。所谓数字公共领域是指在数字时代，以数字技术和新媒体应用为支撑体系，私人意志、公众意志与国家意志内部相互整合的媒介公共空间。它相对独立于日常社会结构，是传统公共领域在数字化技术浪潮下的空间延伸。在数字公共领域中，信息、对话和管理完全由"数字"构成，甚至身处其中的"公众"也由数字符号组成，带有浓厚的技术色彩。因此，笔者在前期已发表的

---

① 陈孔立：《两岸认同过程的五个阶段》，《台湾研究集刊》2012 年第 6 期。

② 郑永年：《台湾民主与两岸关系的未来》，2012 年，转引自：http://www. aisixiang. com/data/49583. html。

③ 查尔斯·赖特·米尔斯：《权力精英》，南京：南京大学出版社，2004 年，第 22 页。

④ Dawkins, R. (1989). *The selfish gene*. Oxford: Oxford University Press.

⑤ Snow, D. A., & Benford, R. D. (1988). Ideology, frame resonance, and participant mobilization. *International Social Movement Research*, 1, 197–217.Snow, D. A., Rochford, B. Jr.,Worden, S. K., & Benford, R. D. (1986). Frame alignment processes, micromobilization, and movement participation. *American Sociological Review*, 51, 464–481.

《两岸网络公共领域中的身份认同及其交往逻辑的功能考量》(《台湾研究》2014年第 5 期)一文基础上，继续探讨在新媒体时代背景下两岸借助数字公共领域平台，着力促进两岸民众文化认同的现实意义，进而为两岸数字公共领域的突破与完善提供学理前瞻，更为未来两岸关系和平发展新途径的拓展指明方向。

一、两岸数字公共领为两岸政治互信拓展空间

"今天有许多人丧失了对主流价值的忠诚，又没有获得新的价值，于是对任何种类的政治关注都不关心。他们既不激进，也不反动。他们没有行动。"[①] 但是赖特·米尔斯的这个断言在今天遭遇了新的挑战。从互联网在 20 世纪 90 年代初的普及化，到移动电话的普及化和多功能化，再到过去七八年间社交网站以及网络上用户制作内容的兴起，社会整体的传播环境急速变动。[②] 班尼特就曾以社交媒体为例畅谈过数字媒体在公民社会所引发的改变："社交媒体不能直接改变经济状况，但他们可令公众针对经济不平等问题发出声音。"[③] 因此，两岸数字公共领域提供的不只是一条捷径，而更是一种解决问题的新渠道、新方式以及新思路。

（一）两岸数字公共领域提出的社会学基础

社会学往往被赋予将哲学转换为科学的任务。对一个社会任何有意的讨论，各种因素存在与三个领域：价值观，即构成社会合法性的因素；文化，即表达象征和情感的宝库；社会结构，即一系列社会安排。[④] 对于文化，因为有"两岸数字公共领域"这个新的便捷渠道，两岸民众的文化认同有望得以增强。当然，我们深知，"从符号到行为再到符号，有很长的一段距离，不是所有的整合都是基于符号之上的"，因此整合与互通不是能一蹴而就的[⑤]。托马斯曾指出："情境是人类意识'内化'外部刺激的过程，必须把个人主观态度与社会客观价值综合起来考察，才能充分解释人类的行为。"[⑥] 这就更需要我们将数字公共领域放

---

① C.赖特·米尔斯:《社会学的想象力》，北京：生活·读书·新知三联书店，2012 年，第41 页。

② 李立峯:《数位时代的新闻传播》，《传播与社会学刊》总第 25 期。

③ 兰斯·班尼特:《新闻、政治、社会与数字媒体》，《传播与社会学刊》，2013 年第 26 期。

④ 丹尼尔·贝尔:《资本主义文化矛盾》，南京：江苏人民出版社，2012 年，第 202 页。

⑤ H.H.Gerth and C.Wright Mills: *Character and Social Structure*, New York,Harcourt,Brace,1953 ,PP.247-7.

⑥ 芮必峰:《人类理解与人际传播—从"情境定义"看托马斯的传播思想》，《新闻与传播研究》1970 年第 20 期。

在两岸特殊的时代背景与政治经济这一特殊情境下来审视。

另一方面，关于公共领域这一概念，哈贝马斯在他的早期著作《公共领域的结构转型》中将公共领域的兴起追溯到咖啡屋、沙龙和社团。"大社会"这个词第一次出现在《国富论》中，在书中的语境里他的意思是"整个社会"①。而在这一设想之后，"公共建设和公共机构"日益成为大社会越来越重要的一项任务。在哈贝马斯论述社会公共空间中，一种公共言说的类型也被定义为以下特点：（1）无视地位；（2）质疑公众关注的新领域；（3）具有一种包容性的原则，即任何人只要愿意都可以参与。②哈贝马斯认为的启蒙运动中的咖啡馆提供了平等性这种公共领域所形成的首要属性，这里强调的其实就是公共领域表达的载体性，也就是我们在此谈论"两岸数字公共领域"其自身的器物性。而以上三个特点，在当今数位媒体为代表的 Web2.0 时代中，我们也都可以清晰找到它的身影。

但我们所不能忽略的是："技术本身的特点并不足以保证能带来社会变迁。相反，其动力却更多来自技术、对技术的创造性应用以及社会条件的互动过程。"③这也就是提醒我们，在数字新媒体背景的建构下，决不能忽略两岸民众自身的主观能动性及其自身的主体性。因为，一种科技对一个社会最后产生什么样的影响，取决于科技本身的特征（包括行动可能性）、社会的场景脉络以及具主动性的人们三者之间的关系。整个过程不是单项和线性的，而是人、社会和科技的相互形塑④（Boczkowski,P., 2004）。20 世纪 30 年代梁漱溟就曾断言，中国是乡土社会，国家是融于社会之中的，不具备西方意义上的国家与社会对立的结构⑤（吕新雨，2012）。我们在此也无须深究公民社会在两岸真正意义上的存在。因为重要的是，两岸民众已经切实地参与到公共领域中来。正如西班牙语所云："许多不会玩牌的人倒是能洗牌。"

在温特早期的建构主义理论中，对三个"国际体系无政府文化"、"霍布斯文化"(Hobbesian culture)、"洛克文化"(Lockean culture)，"康德文化"(Kantian

---

① 亚当·斯密. The Wealth of Nations,New York : *Modern Libary*, 1937，另见第 681、647 页对"大社会"的讨论。

② 马克·波斯特，《第二媒介时代》（范静哗译），南京：南京大学出版社。2000 年第 46 页。

③ Barlow A.(2007) *Blogging America: the new public sphere. Westport*, Conn.: Praeger Publishers,.

④ Boczkowski, P. (2004). *Digitizing the news*. Cambridg., Mass.: MIT Press.

⑤ 吕新雨，"中国的现代性大众传媒与公共性的重构"。《传播与社会学刊》，2012 年，第 12 期。

culture) 有着如下的描述：霍布斯文化以相互敌视、相互残杀为特征，二者之间互存敌意、互为敌人；洛克文化则不互相视为仇敌，不以消灭对方为基本目的，二者之间是互相竞争、维持现状的关系；康德文化则是互为朋友的关系，是安全共同体的关系。[①] 如黑格尔所言：我们需要从无法学习的历史中学习。这些概念虽然首先被运用在国际关系上，但对当下的两岸关系仍然有借鉴意义。

文森特阐述认识论时曾经提道："现实是由我们所看到的和我们如何解释我们所看到的组成的。没有纯粹的理论，也没有纯粹的事实，双方都以被相互污染的形式呈现自己。现实主义者把存在看作是由感觉观察和解释实践双向构成的。"[②] 两岸数字公共领域，其哲学的社会学基础在于表达出了一种理性标准，提供了应用的连续性，使行动既不任性随意也不反复无常，并建立了规范的辩护标准，满足了人民的公平感。只有在这个基础上，政治生活中才能形成一些原则；没有这些基础，就只有"蛮横的权力"[③]。对任何哲学原理的考察，都是从其实质性的问题入手，即补偿和公平问题。在各类更加宽泛的方法学范围内，既然社会具有多元本质，我们就不得不接受人与人之间的差异，并确定哪些差异跟公共领域的规范功能相关，并使这些功能合法化。在现代多元社会中，有确定诉求的群体存在是一种社会学事实，现阶段两岸民众作就为文化表达性群体而存在。

（二）"两岸数字公共领域"提出的可能性与必要性

学者 Sundar[④] 曾经提出 MAIN 模型，综合网络 2.0 的特征为多媒体 (Modality)、作者创作内容 (Agency)、互动性 (Interactivity) 及行动性 (Navigability) 视为新的媒体模。阿伦特在《人的境况》里提道："凡存在的东西都必须显现，而任何东西没有一个自身的形状就无法显现；从而事实上任何东西都要在某种程度上超越它的功能性用途，而它的超越性，它的美或丑，就等同于公开的显示和被观看。"[⑤] 将其放在两岸数字公共领域来看，其实就是在通过营造数位虚拟空

---

① 温特：《国际政治的社会理论》秦亚青译，上海：世纪出版集团，2008 年。

② Vincen Moscot（1996），*The Political Economy of Communication*. New York : Sage Publications,pp.2.

③ 丹尼尔·贝尔：《资本主义文化矛盾》，南京：江苏人民出版社，2012 年，第 262 页。

④ Sundar, S. S. (2008). The MAIN model: A heuristic approach to understanding technology effects on credibility. In M. J. Metzger & A. J. Flanagin (Eds.), *Digital media, youth, and credibility* (pp. 72–100). Cambridge, MA: The MIT Press.

⑤ 顾铮 "《奥斯维辛之后的摄影——由贝歇夫妇的摄影所引发的思考》"。引自：http://www. rayartcenter.org/?p=2517：（2012-09-14）。

间，将两岸民众都加以认可与承认的空间之中，即两岸民众在这一"第三方"身份角色下，进行其"数字公民"应有的权力行使与意见的沟通互动。

目前阶段，作为两岸民众彼此认同的亚文化场域之中，文化认同的现状却不容乐观。究其根源，不得不提台湾起源于 20 世纪 80 年代以来"去中国化"的思潮，而伴随着李登辉的上台，也进一步将"去中国化"的思潮加剧。在岛内风潮涌动多年的同时，现状也的确令人忧心。根据台湾政治大学选举研究中心的数据资料显示，即使是在 2008 年以后国民党重新执政和两岸交流大发展的时期，也出现了统"独"立场的较大分化。台湾民众选择"维持现状再决定"的从 1994 年的 38 .5%，经过跌至 1995 年的 24.8% 的谷底后，一路曲折上升至 2012 年 33.9%。而选择"永远维持现状"的则从 1994 年 9.8%，一路曲折上升至 2012 年的 27.7%。而二者相加主张"维持现状者"则高达 61.6%。与此同时，台湾民众主张"尽快统一者"，则从 1994 年的 4.4%，几乎一路下降至 2012 年的 1.5%，"偏向统一者"则从 1994 年 15.6% 下降至 2012 年的 8.7%。二者相加，则倾向统一的民众从 1994 年 20.0%，下降至 2013 年 10.2%。而台湾民众主张"尽快独立者"从 1994 年的 3.1%，一路徘徊略有上升至 2012 年 4.8%[①]（如图）。

图 1　台湾民众统独立场趋势分布（1994—2007）

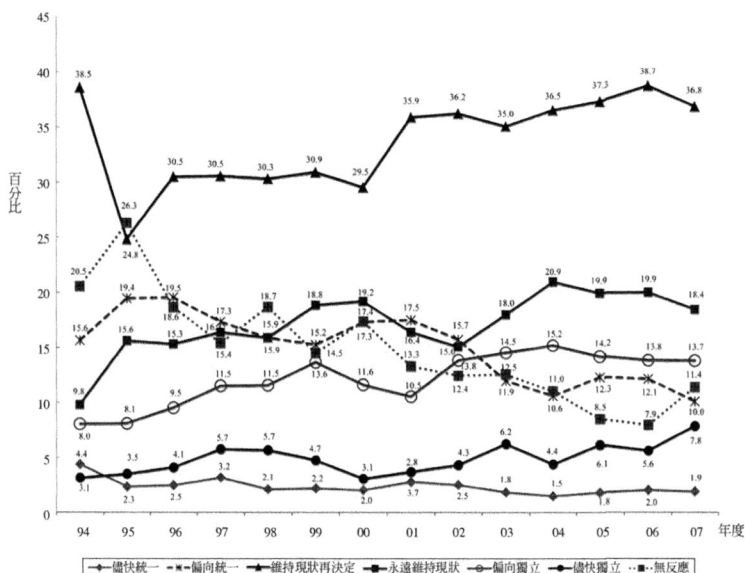

资料來源：台灣政治大學選舉研究中心（2008）。

---

① 数据源引于台湾政治大学选举研究中心网站 :www.esc.nccu.edu.tw

注释：根据台湾政治大学选举研究中心的数据资料显示，即使是在 2008 年以后国民党重新执政和两岸交流大发展的时期，也出现了"统独立场"的较大分化。台湾民众选择"维持现状再决定"的从 1994 年的 38.5%，经过跌至 1995 年的 24.8% 的谷底后，一路曲折上升至 2012 年 33.9%。而选择"永远维持现状"的则从 1994 年 9.8%，一路曲折上升至 2012 年的 27.7%。而二者相加主张"维持现状者"则高达 61.6%。"维持现状者"已经成为台湾社会的主流民意。与此同时，台湾民众主张"尽快统一者"，则从 1994 年的 4.4%，几乎一路下降至 2012 年的 1.5%，"偏向统一者"则从 1994 年 15.6% 下降至 2012 年的 8.7%。二者相加，则倾向统一的民众从 1994 年 20.0%，下降至 2013 年 10.2%。而台湾民众主张"尽快独立者"从 1994 年的 3.1%，一路徘徊略有上升至 2012 年 4.8%.

微调社会课纲部分内容对照表	
现行课纲	微调后课纲
中国	中国大陆
荷西治台	荷西入台
郑氏统治时期	明郑统治时期
清代、日本统治期间	清廷、日本殖民统治时期
日本帝国"大东亚共荣圈"的构想	日本帝国"大东亚共荣圈"的侵略构想
慰安妇	对于慰安妇的描述增加"被迫"2字
资料来源：台湾省"教育部" 整理：胡清晖	

伴随着两岸经济一路高涨与政治上的情势回暖的同时，却是两岸之间在思想文化认同上的尴尬局面。与此同时，伴随着台湾教科书正式的逐步更改。（如图）

图 2　微调社会课纲部分内容封照

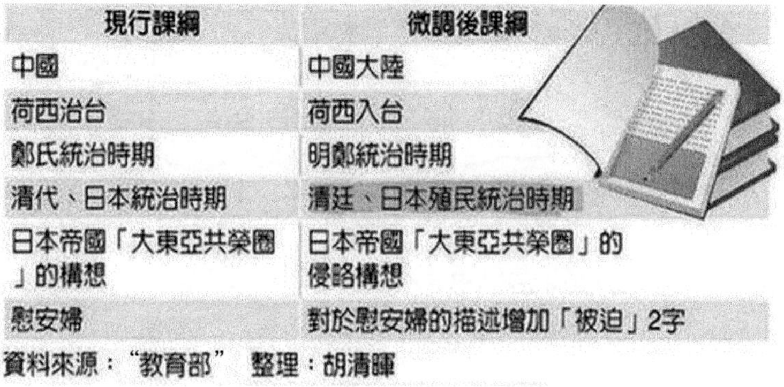

现行課綱	微調後課綱
中國	中國大陸
荷西治台	荷西入台
鄭氏統治時期	明鄭統治時期
清代、日本統治時期	清廷、日本殖民統治時期
日本帝國「大東亞共榮圈」的構想	日本帝國「大東亞共榮圈」的侵略構想
慰安婦	對於慰安婦的描述增加「被迫」2字
資料來源："教育部" 整理：胡清暉	

台湾青少年一代人的成长与崛起，其自身时代记忆日渐模糊，带来的必然是这批台湾未来生力军对文化认同与大陆情怀的的淡漠。但是与此相对的是，现阶段以及未来，数字公共领域下的数字媒体的主流参与受众却也正是他们，这也就为两岸在危机中提供了另一项转机。例如在现实操作中，连续举办四届的"两岸数字内容设计大赛"，就是通过两岸青年 IT 人的互通有无，促两岸互联网文创市场的交流融合……这一切都是两岸数字公共领域应用的一个良性显现。因此，从多方面来看，以两岸之间的数字公共领域来促进两岸民众的文化认同，势在必行。

二、两岸数字公共领域对文化认同的正反作用

两岸数字公共领域，就是伴随着互联网的发展在网络社会开辟的一个"华语文化圈"。在文化认识和认同的基础上以及无语言隔阂的情况下，可轻易形成共通的符号象征场域，捕捉其符号价值。①

（一）两岸现阶段的文化认同

华兹华斯在 1800 年的《抒情歌谣集》的前言中提出了"文化聚合力"这一问题。而在大约 150 年后，T.S 艾略特在重新思考这个问题时指出："文化和整个社会、某个群体或某个阶级联系在一起时，它的意义是不一样的；简言之，阶级或群体文化将浮出水面。"②

"文化认同"这一概念，现阶段就存在多种定义。《中华文化辞典》把"文化认同"解释为一种肯定的文化价值判断，即指文化群体或文化成员承认群内新文化或群外异文化因素的价值效用符合传统文化价值标准的认可态度与方式。经过认同后的新文化或异文化因素将被接受、传播。③ 有的学者将文化认同落实到族群认同，认为认同形成的重要因素，除了该族群的历史发展外，还有外界环境的刺激。④ 在文化认同与族群认同之上，有的学者进一步指出当下台湾的文化认同离不开族群认同，更离不开台湾的民主转型现状；如果还是有人坚持傲慢地以单一族群的认同为国家认同，彼此将很难愿意为对方牺牲的集体认同，不论是声明共同体，还是命运共同体，也不过是虚幻的文宣口号。⑤ 而台湾时任

---

① 陈怡廷，桑原武夫：《"透过网路社会资讯考察日本消费现象：符号互动论和解释现象学之应用"》，《传播与社会学刊》，2008 年第 5 期。

② T.S 艾略特（1948），*Notes Towards thr Definition of Culture*. (pp.25).London:Faber and Faber。

③ 冯天瑜主编，《中华文化辞典》，武汉：武汉大学出版社。2001 年第 20 页。

④ 王甫昌：《族群关系与国家认同》，台北："国家政策研究中心"，1998 年。

⑤ 施郑峰：《台湾族群政策》。台北：新新台湾文化教育基金化，2010 年。

地区领导人马英九对于文化认同也有着自己的理解与表述。2007 年马英九推出《原乡精神——台湾典范的故事》一书，该书强调本土绝不是"去中国化"，表达了其建立本土文化论述的决心。其思想最核心的就是以"世代超越族群"，着眼于年青一代的台湾人，意欲在族群意识较为薄弱的这个群体中发展时代观念，希望借此争取到整个世代对国民党的支持。[①]马英九在其 5·20 就职两周年前夕，也在强调"文化兴国"。虽然马英九是在强调"以台湾为特色发展出中华文化核心价值"，但严格说起来，马英九的说法是在中华民族主义的政治结构下所产生的论述，与早期费孝通所主张的"中华民族多元一体格局"实无二致，认为台湾最重要的特色就是具有多元文化。[②]

两岸的现状虽有"九二共识"，但其下的"一中各表"是不容我们忽视的。正如大陆台湾问题专家陈孔立所说，两蒋确实讲了"一个中国"，但它指的是"中华民国"，根本不承认中华人民共和国的存在，他们无意与大陆合作，也无意把"一个中国"作为两岸合作的基础。因此，两蒋的"一个中国"和大陆主张的"一个中国"存在 180 度的距离。[③]现阶对于两岸的认同采用较多的观点是"双重认同"，其典型含义是"我是台湾人，我也是中国人"。同时，对于这句话也有不同的理解，因为其中包含着群体认同、政治认同、国族认同、地区认同、民族认同等。落实到文化认同范畴，例如"我想因为我认知的文化背景是混合的，我有大陆的文化背景和习惯，也有台湾的习俗和认同。所以，在文化上，我会觉得我是中国人也是台湾人"[④]就是其典型呈现。当下，随着民进党蔡英文的执政，由于她顽固抗拒"九二共识"，两岸对话停滞，努力开展民间交流，尤其是"三中一青"的交流，就显得尤为重要。而数字空间提供了更大交往空间，使我们相信，在承认双重认同背景下的文化认同，是我们努力的方向，也应成为现阶段构建两岸民众数字公共领域的一个重要切入点。

（二）寻求两岸数字公共领域共通意义空间下的文化认同

对同一个或同一组符号构成的讯息，不同时代的人有不同的理解，同一时代的不同个人也会有不同的理解或解释。因而要获得大众传播的最佳效果，达到意义交换，交换双方也必须有共通的意义空间。这里的共同意义空间主要包

---

① 严泉，陆红梅：《台湾中产阶级的社会背景》，北京：九州出版社，2009 年。

② 范盛保：《多元文化、族群意识与政治表现——案例分析》，台北：台湾国际研究学会，2010 年。

③ 陈孔立：《两岸关系回头看——纪念"叶九条"发表二十周年》《台湾研究》，2001 年第 3 期。

④ 张茂桂主编：《国家与认同：一些外省人的观点》，台北：群学出版公司，2010 年，第 58 页。

括两层含义：一是对传播中所使用的语言、文字等意义符号共同的理解；二是大体一致或接近的生活经验和相应的社会文化背景。

在现阶段的两岸，虽然发展阶段与背景有着多种因素的区隔，但是通过数字媒体参与公共领域的决策与公共事务的推动上，两岸民众都展现出了较为主动与成熟的一面。而这也正是两岸构建数字公共领域中的一大交集，也是其共通的文化认同的一大显现；也为未来通过两岸数字公共领域，推动两岸公共事务的解决提供了借鉴与可能性。

这些现象显示了以 Web2.0 架构为主的社交媒体促成了一种新形态的公民参与，它不需借由特定政府组织、民间社团、知名人士由上而下号召公众参与社会行动，而是公众透过社交媒体中介自发性的水平联结与汇集[①]。例如在 2009 年台湾地区在莫拉克风灾期间成立的三个临时性救灾网站，三个救灾网站分别是："莫拉克灾情支援网""莫拉克灾情地图""莫拉克民间灾情网络中心"。在灾情的不同阶段，与民众进行了良好信息沟通的同时，甚至与政府相关部门也进行了积极的联动。伴随着台湾在 20 世纪七八十年代的民主化过程中，一方面受到公民社会的推动，同时亦强化市民社会的成长。就像"太阳花学运"，虽然至今对于运动的性质与评价各方有着不同的意见，但是此次"学运"让两岸民众清楚看到了，当下台湾青年群体借助网络新媒体进行的一次强有力的发声集合。在大陆，在微博传播报道下的"温州动车事故"，让民众见证了在某些社会事件（或者说是"新媒体事件"）的发展过程中，传统媒体被动地被网民所驱动。[②] 通过手机短信源起后蔓延至网络社区，后得到主流媒体报道，最终改变政策的厦门 PX 事件，使得作为积极意义上的以社会参与为核心的政治性公民权处于被蔑视、被排斥和被扭曲的状态，受到了再一次的正视。[③]

在另一方面，在新媒体数字公共空间领域的虚拟社交空间，两岸也一直存在着良性互动。以天涯社区的台湾版，台湾政客邱毅、陈文茜等人的新浪微博，豆瓣等为代表的虚拟社区，使得两岸民众互动已经成为一种习以为常的"现象"[④]。每当两岸热门话题发生，总会在虚拟网络空间进行最快捷的互动。例如

---

① 郑与君，《灾难传播中的群体力量：社交媒体促成新形态的公民参与》《传播与社会学刊》，2014 年第 27 期。

② Qiu, L. & Chan, J. M. (Eds.). (2010). *The study of new media events*. 北京：中国人民大学出版社。

③ 黄月琴，《社会运动中的承认政治与话语秩序：对厦门"散步"事件的媒介文本解读》《传播与社会学刊》，2012 年第 20 期。

④ 谢清果，王昀，"两岸政治互信中的传媒角色、功能及前景"。《厦门大学学报（哲学社会科学版）》，2014 年第 5 期。

当下风靡全球的"冰桶挑战",以社交媒体点名接力的方式进行互动;台湾作家陈文茜等人就收到了大陆商界文化名人的微博"钦点"参与,进行两岸救助罕见病的爱心接力,并在岛内引起胡志强、江宜桦的参与。

此外,虽然以上现状较多集中于两岸各自的公共危机事件与大众社交媒体互动等方面,但现阶段两岸的集体记忆与共有观念,却是近年来实实在在作为两岸共通的意义空间而存在。集体记忆其实就是一个社会群体对自己共同经历的记忆,具有凝聚共同归属感、强化身份认同、形成群体认同的功能。而现阶段作为两岸共通空间的集体记忆,又增添了许多新的内容。例如两岸 ECFA 框架签订下经济合作的发展与互惠、从汶川地震到八八水灾两岸的互相援助、从两岸共同抗击金融危机到两岸学生的交流互访等,使得两岸渐渐学会了互相欣赏,珍惜当下现有的发展现状。

其实,两岸之间共通的必然是符号的稳定性、内容的多变性。不能以明确符号形式表达出的意义,不是清晰的意义,只是意义的胚芽或模糊形式。人类整体驾驭符号表述意义的能力是无限的,而作为个人这种能力是有限的。对于"两岸数字公共领域"这一平台,提供的不仅是一种科技对人们的影响,而往往更在于其 affordance,即其带来的行动可能性(action possibilities)。[1] 进一步上升到两岸民众的参与体验而言,就是网络使用者最初不一定有明确目的,但与界面互动的过程中,会产生需要,这种满足感由"过程"主导,网页若能令浏览者有畅顺愉快的经历,会倒过来产生需要及满足。[2]

(三)警惕数字公共领域对正向文化认同的侵蚀

在数字网络媒体时代,我们不得不承认的是,一种由媒体造成的心理上的茫然。我们认为自己所知道的社会现实,极少是我们直接发现的。正如赖特·米尔斯所言那样:"媒体不只给我们信息;它还指导我们的经验。我们的轻信标准,渐渐地被这些媒体而不是我们自己的不完整经验所塑造。"[3] 传播载体自身的主客观立场、符号的意义本身的多义性与歧义性、传授双方信息的不对称等;这些都使数字公共领域对于文化认同也造成了负面的侵蚀,加剧了族群文化之间的矛盾冲突与分离,甚至从意识形态领域上升到暴力武装冲突。将"文化认同"

---

① 李立峯,《数为时代的新闻传播》《传播与社会学刊》,2013 年第 25 期。

② Sundar, S. & Limperos, A. (2010). Uses & grats 2.0: Do new technologies bring new gratifications?Paper presented at the 2010 annual meeting of the International Communication Association, Suntec Singapore International Convention & Exhibition Centre, Suntec City, Singapore.

③ 查尔斯·莱特·米尔斯:《权力精英》南京:南京大学出版社,2004 年。

扭曲为"文化冲突"。

在国外，网络在种族或宗教纷争升级中通常扮演着重要角色。其中一个更为著名的实例是，有关先知穆罕默德的卡通令许多回教徒深感冒犯。这些图像因为网络而散播到全世界，并引发巨大冲突。[①]而事情如果发生在网络虚拟数字空间并不发达的时代，矛盾与两极分化或许不会发展得如此严重。因为在文化上，当一个国家公开承认在道德上犯有过失时，它就难以再对它曾经冒犯过的人说"不"；而当一个国家承认有道德过失，但不久又相对缓慢时，那么爆炸物的导火索就越来越易点燃[②]（丹尼尔·贝尔，2012）。在近年来，西班牙"愤怒者"运动、"阿拉伯之春"和"占领华尔街"运动，也都是一次次的数字化网络行动。其中最典型的例子就是席卷中东与北非的"阿拉伯之春"运动，代表着数字化网路行动也波及了更多国家。参与虽然是公共社会的一个前提条件，但当许多不同群体需求太多不同的东西，又无谈判时，其结果就是不断增长的冲突或僵局。社会是如此脆弱，一场运动，一个炸弹，就能把它的结构撕成碎片。

与此同时，在现阶段两岸的数字公共领域内，接连不断的曲解、误读、丑化等一系列网络事件不绝于耳。首当其冲的就是在大陆网络上颇受欢迎的台湾综艺节目中，频频出现的类似于经济能力上"大陆人消费不起茶叶蛋""大陆五六十人火车站围观台湾人吃泡面""大陆河南河北人吃不起水饺"；文化习俗上例如"大陆人将星座视为封建迷信""这几年两岸交流后，台湾人坐月子的风俗才传到了大陆""大陆人把麦当劳叫作牡丹楼"等；甚至在2013年1月18日的《地球黄金线》中，嘉宾还发表了大陆GDP靠五月天拉动的荒诞言论。而不久前在北京因吸毒被拘留的台湾当红小生柯震东，因受到警方尿检证据的抽检，同样引起了大陆网民例如"台湾人都不冲厕所"的激烈回击。也正因为数字公共领域其自身的虚拟性与匿名性，这一系列的言论与误读造成的传播过程中的不良"噪音"，在网络上引起了两岸民众的热议与传播。这种文化的传播，也可以看作一种反文化行为，当文化成为一张"空头支票"，任人涂抹的时候；究其根本而言，不过是一种"伪文化"罢了。

温特就曾指出："建构主义理论也意味着共有观念的存在取决于具有知识的行为体之间的互动。没有实践活动，结构就不会发挥作用。"[③]落实到现实来看，

---

① 兰斯·班尼特：《新闻、政治、社会与数字媒体》《传播与社会研究》，2013年第26期。
② 丹尼尔·贝尔：《资本主义文化矛盾》。南京：江苏人民出版社，2012年，第195页。
③ 温特：《国际政治的社会理论》。上海：上海世纪出版集团，2008年，第19、164页。

正如台湾资深媒体人郑伟柏认为的："虽然近年来两岸交流非常频繁。但客观来讲，并不是每个普通台湾或大陆民众都有机会去对岸看看的。"[①] 就像我们要"了解"一个城市，必须穿街走巷；但要"看"一个城市，则必须深处局外以览全貌。在两岸民众的数字公共领域这一虚拟平台的建构过程中，仅仅靠两岸民众的交集和互动来促进文化认同是远远不够的。因为引导不慎就会使这些行为自主的公众，在某些关键时刻受到操纵变成示威的群氓。两岸数字公共领域与文化认同中是存在悖论的，切勿因为对新媒体技术的崇拜而一叶障目不见泰山。这就像大多数的社会议题总会包含一些主客观事实错误和模糊不清的观念以及评估偏见，只有把他们合乎逻辑地分清楚，才有可能知道这些论题是否真的含有价值植入，而不是一味地"将燃料罐扔到公众脸上"。

三、着力建构两岸数字公共领域的基本原则与可能路径

被誉为"当代美国文明最重要的批评家之一"的赖特·米尔斯曾经提出这样的发问："在我们的时代，公众的主要论题是什么，个人的关键性困扰又是什么，在这其中又包含着结构中什么样的突出矛盾；这些或称为个人困扰，或是成为公众论题。"[②] 当两岸关系掀开新的一页，在截然不同的政治制度和意识形态之下，在尚存歧异的两岸政党的互动中，以促进交流和沟通为使命的数字公共领域到底应在两岸民众中文化认同与交流互动发挥什么样的功用，在未来两岸关系中起负载何种的担当，都是值得我们对其进行检视和解读的。

（一）"有限的"第三方身份

早在 1844 年在《德意志意识形态》中，马克思就做过一个著名的论断："统治阶级的思想在每一个时代都是占统治地位的思想。这就是说，一个阶级是社会上占统治地位的物质力量，同时也是社会上占统治地位的精神力量。支配着物质生产资料的阶级，同时也支配着精神生产的资料……"[③] 只要媒体还没有被完全垄断，个体就能从媒介中受益。正如艾默生所说，"政府"并不一定"来源于人们的道德认同"。在现阶段的两岸关系中，建立一个所谓的第三方平台绝非易事，在其理念践行与实际操作中落入窠臼的可能性是存在的。对于"两岸数

---

① 新浪娱乐（2013 年 11 月 06 日），《台湾节目常误读大陆对岸同胞：别较真》，引自：http://ent.sina.com.cn/v/h/2013-11-06/23464038106.shtml.

② 赖特·米尔斯：《社会学的想象力》。北京：生活、读书、新知三联书店。2012 年，第 9—10 页。

③ 马克思：《德意志意识形态》。中共中央马克思恩格斯列宁斯大林著作编译局（编），《马克思恩格斯选集》，北京：人民出版社，2004 年，第 52 页。

字公共领域"这一场域的存在，从认知上我们就要正视其背后必然会存在的权力身影，因为平等并不等于齐平。

也就是说，两岸数字公共领域日后能更真正落实的一个关键就是，在理念上我们能不能从一味地要求公共领域民粹化的盲从上，转向承认公共性背后的权力关系。这就是一种非市场化的公共决策，是需要靠一定的公共权威而不是完全化的市场机制来解决问题，因为"没人能在市场里买到他那份'干净的空气'"①。如果承认这个权力关系，那么，真正的问题就是争取大众传媒的公共性以及如何理解这个公共性。"在这个意义上，争取公共性和更大程度的透明性与持续地揭示媒体的遮蔽性是并行不悖的。"② 传统媒体在政治层面上的失败，才是网络上草根民主得以崛起的原因。③ 因为从传统媒体到新媒体转身的同时，正是公共领域发生变化的一个显现，相应地也成为推动公共领域发生转变的动力，这本身并不存在矛盾性。我们需要做的，就如学者吕新雨所言，是"需要利用一切可能的条件促使它朝向有利于社会民主的道路走，而不是听任它以政治权力与市场的力量合谋寻租（rent seeking）"④。

与此同时，不容忽视的事实是，每个人必定是主观的。这样一来，没有人能完全、无偏见地、准确地报道这个世界。也正因为如此，任何绝对客观的宣称都是错误的。客观性本成为是"一个为连事实也不能被相信的世界所设计的方法"⑤。这也是第三方身份自身的有限性中无法回避的事实。

两岸数字公共领域，利用数字媒体虚拟空间所形塑的"有限的"第三方身份，本身就是两岸现阶段具有可行的公共性理念的事件与建构。两岸合理化的名义也许的确是每个人在彻底考虑后将其声音汇入大合唱的结果，但也如杰拉德·W.约翰逊的评价："原则是不行动的规则，缺乏想象不应与缺乏原则混淆起来。"⑥

---

① 丹尼尔·贝尔：《资本主义文化矛盾》，南京：江苏人民出版社，2012年，第206页。

② 王晖，"'去政治化的政治'与大众传媒的公共性"，《传播与社会学刊》，2009年第8期。

③ 吕新雨：《中国的现代性大众传媒与公共性的重构》，《传播与社会学刊》，2010年第12期。

④ 吕新雨：《中国的现代性大众传媒与公共性的重构》，《传播与社会学刊》，2010年第12期。

⑤ Seek Mark Pedelty（1995）*. War Stories: The Culture of Foreign Correspondents.* New York and London: Routledge, pp.5-6.

⑥ 杰拉德·W.约翰逊，《表面问题》《信公众》，1954年第7页。

（二）两岸政治互信的传输站

信任是对于他人的正面认知偏差，或可说是对于他人行为上的正面期待。[1]
而在政治的范畴中，所谓的政治信任是政权合法性的重要基础，也是政治体制
顺利运作的重要保障。[2] 两岸政治互信是指两岸交往过程中交往双方彼此对对
方能做出符合制度行为的持续性期望，是有限理性和具有反思能力的两岸关系
参与者构成的长期经验的产物。[3] 政治的轴心原则上是表达，而新近原则则是
参与。

有学者将两岸政治互信的演变分为了四个阶段：分别是 1949—1987 年，两
岸之间存在薄弱的政治互信；1987—1999 年，两岸政治互信前期初建，后期中
断；2000—2008 年，政治互信中断，但基础在累积；2008 年以来，两岸关系和
平发展，政治互信恢复和巩固。[4] 虽然至今两岸未互设媒体办事处，但两岸数
字公共领域必然会在现阶段的两岸发展关系中成为真实有效的中枢转换系统，
将两岸同根同源的文化思想、社会交往等在此共鸣。正如两岸统合学会理事长、
台湾大学政治学系教授张亚中就曾表示，"两岸政治问题不可能单纯靠经贸解
决，核心是认同的问题"[5]。

但对于现阶段两岸民众间信息交流的不对称导致的刻板印象与认知差异的
长期存在，我们不妨借助反身性原理进行换位思考，即尊重台湾民众自身的
"台湾认同"的同时，凝聚两岸"中华民族"认同的统一语境。在现实领域中，
"放宽自下而上的沟通管道，使更多台湾民众切身体验到做一个中国人时祖国带
给他们的便利、光荣、尊重、安全、实利，从而愿意做一个中国人"[6] 的文化身
份认同落到实处。大陆对台方面，是否存在发展的差距使得人们对于自身的文
化产生怀疑，从而弱化了自信心，这也是需要我们思考的。因为，爱国毕竟不
是空洞的说教，而是让民众真正体味到生活在这个国家中的种种美好。

---

① Yamagishi,T. & Yamagushi,M.(1994). Trust and commitment in the United States and Japan.
Motivation and Emotion, 18 (2), 129/166

② 陈宜宁，《美国牛肉进口台湾危机中的媒介使用、政治信任与风险感知的关系》《传播与
社会学刊》，2011 年第 17 期。

③ 青木昌彦，《比较制度分析》（周黎安译），上海：远东出版社，2011 年，第 13 页。

④ 唐桦，《主观博弈论视角下的两岸政治互信初探》《台湾研究集刊》，2011 年第 6 期。

⑤ 台海网（2014 年 7 月 11 日），张亚中：《两岸需建构共同体来解决认同问题》，引自：
http://www.taihainet.com/news/twnews/latq/2014-07-11/1280052_2.html.

⑥ 台海网（2014 年 7 月 11 日），张亚中：《两岸需建构共同体来解决认同问题》，引自：
http://www.taihainet.com/news/twnews/latq/2014-07-11/1280052_2.html.

当社会中的每个人都加入到"想要更多"的队列中去，并且将这种欲望视为合理，而资源却是有限的时候，政治需求和经济限度之间的紧张关系就变的一览无余。因此在建构两岸政治互信背景下的共同认知这一过程中，两岸人民需要像两岸数字公共领域这种公共平台般的传输站，以此从两岸现有的共同认知得到稳固，潜在与显现的纷争差异得到消解与缓冲。

（三）尊重"台湾认同"的存在

"不同的文化、时代、范式接受判断真理的不同标准，没有任何一个独立的方法，也无法在不同推理中选择一种不受理论影响的中立的现实语言。"[①] 因此在两岸数字公共领域架构中，一方面我们要意识到"台湾认同"的存在，例如在实际操作上用"统""共""合""同"这种用语的"刺激"，我们可以换作"一体化""一家人""一家亲"这种用语。在原则与立场不得不将就的同时，我们也要意识到越讲越反感、越讲越离心的隐患。两岸民众在虚拟数字平台进行公共领域互动，是我们在潜意识中很少注意到的。

另一方面，我们要在正视"台湾认同"。因此在心态上更需要双方在正确面对的同时，承认差异、互相谅解、互相包容。这就需要尊重"台湾认同"下的差异化。试想一下，生活在台湾的人如果不认同台湾，会有可能认同社会制度不同又不是他们生活环境的大陆吗？又何谈共同缔造两岸命运共同体呢？因此，我们切勿让急于求成成为两岸数字公共领域的盲点。

（四）公民权利身份的建构

莫斯卡在他的军事论述中曾经有过这样的假设："任何社会都存在一定数量的某种人，如果我们给予他们天赋和历史机遇，他们就会成为拿破仑；如果我们给予他们伟大的理想，他们就会成为加里波第。"[②] 这很形象地描绘了两岸数字公共领域中，对于公众权力身份的建构，民众自身的可塑性是极高的。而在现阶段的两岸数字公共领域，"公民"身份也许本身并不意味着他们就能进入公共领域。因为如果只是一个被描述的"他者"，他们在公共领域里就永远是缺席的，而这个领域就不再是真正意义上的"公共"领域。[③]

---

① Harvey Siegel(1992),"Relativism,"in A Companion to Epistemology, ed.Jonathan Dancy and Ernest Sosa. Cambridge,Mass.,and Oxford :Blackwell Publishers,pp.428-30.

② 莫斯卡:《统治阶级》，卡恩翻译，引于查尔斯·莱特·米尔斯，《权力精英》，南京：南京大学出版社，2004 年，第 223 页。。

③ 吕新雨:《中国的现代性、大众传媒与公共性的重构》，《传播与社会学刊》，2010 年第 12 期。

因此，数字公共空间中公民身份的建构，其实也是一种公民"教育"；在区别于传统意识形态的"纲举目张"的同时，通过网络数字虚拟共建在公共领域的介入，寻求不同诉求下的策略性思考，帮助人们形成其文化、政治及技术上的情感，使他们觉得是自由公众中的真正一员，也使得数字公共领域的应用成为公众价值教育与技术培训的一种存在。在两岸数字公共领域中，给予两岸民众应有热情的同时，不去剥夺而是培养其自身的分析能力是作为核心关键而存在的。获得有效公民权的先决条件包括基本享有传播和物质资源的权利。在这个信息商业化和私有化的时代；让两岸民众通过数字公共领域获得的，其实就是避免其自身陷落为"信息下层阶级"的保障；对自己的"信息自助餐"有着主动地选择机会。

（五）社区传播下的"公共家庭"理念

在美国，"如果我们除去家庭和教会，一直到 20 世前几十年，社会组织的基本形式就是小镇"[①]。社区这一概念，帕克在《城市社会学》中也有详细的论述，我们其实就可以把社区看作一个所有成员互相约束的契约共同体。两岸数字公共领域，也可以看作一种社区传播的实践，通过公共契约意图让每个人通过遵守其条款而体验一种模范生活。

两岸同根同源，在社区传播背景下进一步的深究，我们可以看到丹尼尔贝尔提出的"公共家庭"这一概念。在丹尼尔看来，"公共家庭（跟想要满足各种不同的个体欲求的市场正相反）的存在目的是满足共同需求，提供个人无法为自己购买的商品和服务；在这其中，个人应该是市民社会的基本单位，个人成就应该有公正回报。"[②]

（六）网络数字虚拟空间中不可规避的局限与掣肘

1. 数字时代的弱势传播

网络是社会性的空间，不是价值中立的、完全自由的空间。联合国 1948 年 12 月 10 日通过《世界人权宣言》，宣言第 19 条指出："人人具有意见表达的自由权。此一权利包含拥有意见不受干预，以及透过各种媒介寻找、接收和发送消息和观念的自由，不受疆界限制。"人权宣言所揭示的表达自由，不只是消极

---

① 佩奇·史密斯（1960）. *As a City upon a Hill*（PPvii）.New York: Alfred A. Knopf.

② 丹尼尔·贝尔:《资本主义文化矛盾》，南京：江苏人民出版社。2012 年，第 235 页。

的知的权利（接收），而是积极的传播权。[1]当平等被不平等对待时以及当不平等被平等对待时，不公正现象就出现了。

现实网络社群中同样存在阶级意识形态。具体到两岸数字公共领域而言，在现阶段经济技术发展一定程度不平等的现状下，如何保证两岸民众在交往中获得两个群体平等对话的基本立场的同时，如何保证各自群体中弱势话语的发声是值得我们探讨的。台湾的少数民族 WATTA 数字平台的出现就是一个很好的事件。台湾少数民族作为台湾社会典型的弱势群体，通过新媒体使得其可以近用媒体与多元对话成为可能。WATTA 主要透过博客促使其对环境、议题的参与和监督，运用影、音、图、文，从被动的信息接受者，变成主动的提供者积极发声[2]。让台湾少数民族社会呈现更多元的对话平台，进而发挥影响力，彰显弱势群体自主发声、公共参与的价值。因为人们只有变得更加平等后，他们才能被平等对待。

2. 责任性与道德性的模糊

克里斯·法姆曾指出："因特网不同于那种信息来自顶层的单对多模式，它的信息来源于底部，再迂回曲折向上传递。"[3]有人做过统计，在几种语言中，网络中骂人现象出现最多的是中文。网络虚拟空间中责任性与道德性早已经是老生常谈。但是若将这类矛盾放在"两岸数字公共领域"这一平台中，正如上文所提及的一般，两岸自身的特殊身份以及公共领域中公共事件的敏感性，出现的往往就是矛盾与冲突自身的无限放大。也正如其有限性的第三方平台身份，在中国和世界许多国家和地区一样，对网络的日常监控往往会成为常态。不可否认，这是网络数字新媒体技术带来的双刃剑，因为现阶段的两岸数字公共领域绝非一个完全个人化的私人领域。但是平台外来身份的引导往往起到的只是一种表面作用，最根本的还是两岸数字公共领域中两岸民众自身的自查自省，即独立人格下的自我监察。而作为自我监察的引导与架构的主题，两岸中产阶级可以尝试作为主体存在。

在有关政治决策的控制与平衡理论中有这样一种理念，即国家成为控制与平衡的系统，是因为社会是一种阶级的平衡，而这种平衡的轴心和稳定器是强

---

① 洪贞玲，"谁的媒体？谁的言论自由？——解严后近用媒介权的发展"。《台湾民主季刊》，2006 年第 3 期。

② 洪贞玲，《数位时代的弱势传播权》《传播与社会学刊》，2013 年第 25 期。

③ 哈克特（Hackett, R.A.），赵月枝：《唯系民主？西方政治与新闻客观性》，沈荟、周雨译，北京：清华大学出版社，2005 年，第 157 页。

大独立的中产阶级。① 台湾就是一个典型的中产阶级社会，伴随着台湾在亚洲四小龙中地位的衰落，作为台湾社会中间力量的台湾中产阶级经济上做到了巨大的冲击，也有着更多的诉求需要表达（如图）。

图 3　1999—2008 台湾家庭十年间年所得变化
（按所得高低五等份分组）

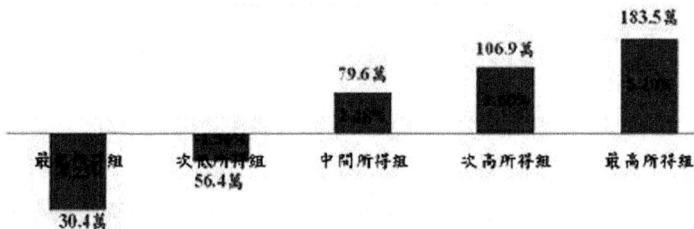

资料来源：主计处/致富达国际研究团队整理

在大陆方面，据经合组织统计，如今约 10% 的中国人口已跻身中产阶层行列，且该比例将在 2020 年升至 40%。② 大陆的中产阶级数量在提升的同时也处于一种学习的阶段。两岸数字公共领域中两岸中产阶级主体的良性互动，也许无法在短时间内解决"两岸数字公共领域"中存在的弊端，但两岸理性的中产阶级的存在，必然会在一定程度上会将两岸民众互动进行良性化的引导。

结语

单单就公共领域与文化这一概念，丹尼尔在 1978 年再版的《资本主义文化矛盾》序言中就做出过较为精准的理解。在丹尼尔看来，"公共领域在平等适用于所有人的法律下运行，因此也是程序性的；它并不详细区分个人间的不同；它平等对待众人，而不是想'使他们'平等"③。公共领域真正的落实平等与参与，是目的，非一时的手段。对于两岸现阶段文化认同的困境与掣肘，他的文化观点也值得我们借鉴，即"文化是想对生存困境提供一系列内在一致的应对的努力，所有人在他们的生活过程中，都会面对这些困境"④。以两岸数字公共领域促文化认同的努力，正是当下两岸文化中找寻不到保卫者的一种担心，虽然数字公共领域应用了数字新媒体技术，但是对一种文化的生命力来说，传统

---

① 沈瑞英：《中产阶级"稳定器"理论质疑》《学术界》，2007 年第 4 期。
② 环球网（2013 年 5 月 27 日）：《台媒：大陆中产阶层日益壮大但烦恼也增多》，引自：http://oversea.huanqiu.com/economy/2013-05/3970927.html。
③ 丹尼尔·贝尔：《资本主义文化矛盾》，南京：江苏人民出版社，2012 年，第 5 页。
④ 丹尼尔·贝尔：《资本主义文化矛盾》，南京：江苏人民出版社，2012 年，第 5 页。

变得至关重要，因为它提供了记忆的连续性，这些记忆告诉我们，前辈在面临相同生存困境是如何应对的。两岸在现阶段与未来，沟通平台搭建的同时，我们需要思考的是，也许问题不在于社会机构是否充分，而在于支撑一个社会的意义究竟是什么。

下篇　实践运用

两岸数字公共领域与民族认同的建构
——以电子娱乐媒体为视角

谢清果　赵　晟

　　当前两岸关系的发展亟须寻求一种民间的、远离政治性议题以弱化冲突与对抗的公共空间，用以重建共同的民族"叙述"并增进两岸间的族群认同，而网络数字空间就提供了这样一种主流媒体之外的选择，尤其是其中的网络电子娱乐媒体所建构的"软公共领域"，能够在一片充满尖锐对立情绪的两岸线上交流中，潜移默化地消解盲目的对抗情绪，还以理性的交流与思考。虽然在这样的"软公共领域"中的公共讨论大多止于非政治性的议题，但其对于夯实两岸民族心理最大公约数的作用是值得关注和思考的。

　　当前两岸关系扑朔迷离的走向不仅仅是由于政治分歧，更多的是表现在两岸所使用话语的分歧。即使是在两岸如此相似的社会历史情境下，对同样的社会文化历史知识的使用不同，还是导致了话语发展的不同，而在一个社会文化群体中，需要每个人都遵循共同的规范、价值观和交际规则，交流才成为可能，因为话语是与语境息息相关的。Johnstone 就认为，话语分析不但要重视说出来的话，更要重视没说出来的话和说不出来的话。[①] 两岸民众尤其是两岸青年人亟须找到更多直接交流与沟通的途径，以切实体会双方实际的生活世界，只有了解了话语背后的"沉默的背景"才能够真正体会到两岸关系何以发展至此，才能真正思考如何才能够将两岸关系的发展带上合理的轨道。而互联网新媒体的兴起带来了这样一个公共空间，让两岸民众可能在其中自由地交流思考、形

---

① Barbara Johnstone. (2002). *Discourse Analysis*. Oxford: Black Well.

成共识。Papacharissi 就认为，通过为公众获取原本"不可得"的信息以及进行政治参与提供更为便捷的渠道，虚拟化的公共领域为政治性对话创造了新的可能。[①] Y Zheng 和 G Wu 也认为，公共领域已经是探讨中国互联网民主政治的主要分析框架之一。[②] 可以说，数字公共领域已悄然兴起。所谓数字公共领域是指在数字时代，以数字技术和新媒体应用为支撑体系，私人意志、公众意志与国家意志内部相互整合的媒介公共空间。它相对独立于日常社会结构，是传统公共领域在数字化技术浪潮下的空间延伸。在数字公共领域中，信息、对话和管理完全由"数字"构成，甚至身处其中的"公众"也由数字符号组成，带有浓厚的技术色彩。[③] 正由于两岸数字公共领域具有跨越两岸自然鸿沟，超越时空的优势，为两岸民众的交流创造了一条更为便捷的路径，因此，从数字（网络）公共领域的角度来关照两岸关系，包括政治关系与社会关系的发展都是十分有必要的，也是可行的。

一、两岸政治性叙述的差异正导致民族认同上的渐行渐远

习近平在会见萧万长时曾说："两岸长期存在的政治分歧问题终归要逐步解决，总不能将这些问题一代一代传下去。"台海两岸长期分隔的局面让原本的政治分歧问题逐渐演化为了社会与文化的分歧问题。自 2016 年 5 月 20 日蔡英文正式就任台湾地区领导人以来对"九二共识"的回避与漠视，让两岸关系的未来走向又一次波谲云诡起来。民进党的一系列"去中国化"操作，使两岸民族与文化认同面临严峻挑战。

本尼迪克特·安德森将"民族"（nation）这一概念定义为："它是一种想象的政治共同体——并且，它是被想象为本质上是有限的，同时也享有主权的共同体。"[④] 安德森认为"民族"本质上是一种想象的共同体，是一种群体趋同的认知倾向，是一种社会心理学上的"社会事实"，它的形成需要一系列的先决条件和漫长的历史演进过程，但绝不是由血统、外貌等所谓的"客观特征"所决

① Papacharissi Z. (2002). The virtual sphere: the internet as a public sphere. *New Media & Society*，Vol.4(1): 9-27.

② Y Zheng，G Wu. (2005). Information Technology, Public Space, and Collective Action in China. *Comparative Political Studies*，38(5):507-536.

③ 谢清果、李森《文化认同视域下的两岸数字公共领域的功能与观念前瞻》《湖南大众传媒职业技术学院学报》，2016 年第 5 期。

④ 本尼迪克特·安德森：《想象的共同体——民族主义的起源与散布》吴叡人译，上海：上海世纪出版社，2015 年，第 17—18 页。

定的。

　　中华民族就是以运用共同的汉语言文字为主体，认可共同的礼仪文化、公序良俗和政权统治的一个庞大的想象的共同体。而在这一想象共同体形成的过程中，如安德森所说的关于民族历史的"叙述"（narrative）是必不可少的建构的一环。孔颖达疏《左传》曰："中国有礼仪之大，故称夏；有服章之美，故谓之华。"又有《礼记·王制篇》曰："中国夷狄，五方之民，皆有性也，不可推移。东方曰夷，被发文身，有不火食者矣；南方曰蛮，雕题交趾，有不火食者矣；西方曰戎，被发衣皮，有不粒食者矣；北方曰狄，衣羽毛穴居，有不粒食者矣。"历史上中华民族的共同想象正是通过叙述一种华夏的美好与四夷的卑下而形成的。而"叙述"正是一种传播，通过汉字建构出的共有语义空间，在不同地域不同口语方言的人得以凝聚成想象的共同体。近现代以来，这种以共同叙述凝结的"民族"又通过大大发展了的传播技术得以巩固，并形成了"国族"和国家（state）。吴叡人认为民族指涉的是一种理想化的"人民全体"或"公民全体"的概念，是一种心理的、主观的"远景"，而"国家"是这个人民群体自我实现的目标或工具。① 现代中国正是当下中华民族实现民族复兴目标的工具。而两岸现状则表现出一种错位，两岸人民有着通用的语言文字和共同认可的礼仪文化与公序良俗，但由于不同社会制度而导致了"政治性的叙述"的差异，让两岸民众逐渐形成了不同想象的共同体。难怪曾有断言说："两岸的根本问题是政治问题"②，"台独"势力当政期间不断通过修改课纲、操控媒体等方式进行歪曲事实的"叙述"，正是这种"政治性叙述"的错位才导致了两岸民众在地理上被区隔之后，在民族的共同想象上也出现了愈发扩大的割裂。两岸民众在各类民调，尤其是网络匿名言论中所表现出来的排斥、冷漠等情绪已经愈发凸显，台湾青年人作为一个群体更是表现出一种世代整体政治倾向的泛绿化即"台独化"③，很难想象同文同种的中华民族能在极具包容性的汉文化影响下走到如此分裂的边缘境地，尼可拉斯·鲁曼的系统传播观点认为："系统并非由身处其中的个体行动构成，而是由'传播'（communication）构成，并且惟有在'连锁

---

① 本尼迪克特·安德森：《想象的共同体——民族主义的起源与散布》，吴叡人译，上海：上海世纪出版社，2015年，第17-18页。
② 中共中央文献研究室：《新中国重大决策纪实》，北京：中国文联出版社，1999年，第259页。。
③ 陈咏江：《对台湾青年世代"台独"倾向的观察及反思》《中国评论》，2015年11月号，总第215期。

的传播'中不断地实现自我维持。"① 应该是最好的解释，两岸青年人间共识的撕裂并不该归因于身份、教育和背景，而是因为维持共识的"叙述"传播本身被地域和人为地阻隔了。

"台独"势力一意孤行片面宣传"台湾是台湾人的台湾"意图凝聚台湾的"民族意识"，却不太得人心，反而造成了岛内本省人和外省人的对立与割裂。随着互联网等新媒体技术的兴起和社会流动性的加强，再没有哪个政权能够完全限制住信息与文化对外的频繁接触，"族群不再依附于某一地域，不再受空间约束，不再是原来那个自我无意识，文化高度同质化的群体"② 。当意欲建构的社区封闭性被打破，"台湾民族"的自我催眠也被打醒。民族身份的建立更多地需要建立在对于他者与自身的观照之上，台湾民众的民族意识受历史变迁之巨力的影响几经波折，反应在文学作品上如《亚细亚孤儿》中的记述："世界上没有所谓台湾人，假如有的话，那是住在深山里的番社的人吧。普通被称为台湾人的，实在完完全全是中国人……事实虽如此，可是当时（日据时期），不但日本人，连中国方面也称他们为台湾人……"③ 在这样一种颇显迷茫和彷徨的境地下妄言"台湾民族"的"觉醒"无疑是别有用心的乘虚而入，毋庸讳言，只要大陆还能借助现代传播方式，自然而然地发挥同文同种的向心力与影响力，"台独"势力一厢情愿的"台湾民族的觉醒"舆论操作只会给台湾民众带来更多身份认同上的彷徨，而不是台湾民众的福音。身份认同（Identity）是谋求个人完整身份的过程，是由相互联系的个人身份认同和群体身份认同组成的。它不仅是自我确认或族群归属的状态，更是一个在社会场景中，个人追寻其个人及群体身份的复杂、动态而长期的建构过程。④ 为了帮助台湾民众尤其是台湾青年人重新建立起中华民族的身份认同，不可避免地要倚重媒介，尤其是大众媒介与网络媒介的力量，诚然两岸传媒作为一种"交往环境"，应当要架构出两岸双方对话的共同意义空间，作为文化、经济、政治力量相互牵制的中间地带⑤ ，来构

---

① 葛星：《N. 卢曼社会系统理论视野下的传播、媒介概念和大众媒体》，《新闻大学》，2012年第3期。

② J. R. Sneed，S. J. Schwartz，W. E. Cross. (2006). A Multicultural Critique of Identity Status Theory and Research: A Call for Integration. *Identity*，6(1)：61-84.

③ 吴浊流：《亚细亚的孤儿》，村上知行序，台湾：远景出版社，1993年。

④ Erik H. Cohen. (2003). Components and Symbols of Ethnic Identity: A Case Study in Informal Education and Identity Formation in Diaspora. *Applied Psychology*，53(1)：87-112.

⑤ 谢清果、王昀：《两岸政治互信中的传媒角色、功能和前景》，《厦门大学学报（哲学社会科学版）》，2014年第5期。

建起一个长期的互动空间和共识的"叙述"渠道。从这个意义上，新媒体情境下的两岸交流可以借以数字公共领域的营造而开创出新的弥合心灵距离的路径。这正是本研究的关切点。

二、两岸数字公共领域开启两岸民众在国家叙事与大众狂欢中的心灵冲撞

哈贝马斯（Juergen Habermas）以历史研究方法所提出的公共领域概念与互联网络的普及相结合所产生的网络公共领域，被众多学者认为是中国国情和语境下抒发与整合民意的最佳渠道。但互联网这一新媒体技术同时具备两股相互对立的力量，一方面，去中心化的信息交换使网络受众比以往更加孤立，从而导致个人社会关系链条的断裂；而另一方面，网络与社区、社会之间协力形成的网络公共领域，其促进国族认同的整合力量亦不容小觑。两种力量的并存与相互的张力，让网络公共领域的前景充满变数。Robert A. Saunders 和 Sheng Ding 的研究发现："通过环太平洋地区的华人华侨和原苏联地区的俄罗斯人的媒介使用情况的对比，发现互联网的使用提高了华人群体的族群认同，但却减弱了俄罗斯人的族群认同。这种不同可能是来源于一系列因素，包括对强调族群认同结果的预估、其他身份的冲突和竞争、原属国的政治和经济状况等。"[①] 这样的例子足以警醒，网络公共领域并非能药到病除地解决族群认同和身份认同的问题，而是受到了许多因素的影响和局限。就如陈静静学者所说的那样，西方研究互联网与族群认同的主要研究对象与中国研究的中华民族无论在历史渊源、地理离散分布、政治权力与关系、族群心理、社会文化谱系方面都存在巨大差异。如何针对两岸中华民族特殊的社会和文化语境，构建一个有包容力的族群认同解释与分析框架，成为对西方族群认同概念和相关研究进行本土化观照的首要任务。[②] 在两岸现状的基础上，在政治性思维笼罩下的两岸主流媒体对话空间中，意图通过网络公共领域来重聚两岸同属中华民族的共同想象时，有意识地打造一个极具包容性的、排斥政治话语体系的特殊的公共领域是尤为重要的。

在哈贝马斯看来，"近现代意义上的公共领域应当被视为一种介于私人领域

---

① Robert A. Saunders, Sheng Ding. (2006). Digital dragons and cybernetic bears: comparing the overseas Chinese and near abroad Russian web communities. *Nationalism and Ethnic Politics*, 12(2):255-290.

② 陈静静：《互联网与少数民族多维文化认同的构建——以云南少数民族网络媒介为例》，《国际新闻界》，2010 年第 2 期。

与国家权力之间的'中间地带'。它因社会生活中私人的聚集而存在，又具有相对独立性，公众在此之中能够自由表达他们关于'普遍利益'的观点"①。换句话说，真正健康的公共领域应该是能够独立存在的话语空间，能够为身在其中的公众提供一个畅所欲言、为自己利益而驱动的空间，甚至是能够排斥国家权力即政治话语体系的。哈贝马斯也曾说过"举凡对一所有公众开放的场合，我们都称之为'公共的'……有些时候，公共领域说到底就是公众舆论领域，它与公共权力机关直接相抗衡。"② 这样一种理想的公共领域在互联网新媒体兴起之前是很难想象的。在互联网时代，各类新兴媒体被认为带来了"公众"与"公共领域"认知的转向。传播学界开始有意无意地将公共领域、公共空间与网络线上环境相关联。澳大利亚学者 Lincoln Dahlberg③ 就曾将线上话语与哈贝马斯定义的公共领域理性批判话语（rational-critical discourse）做比较，认为公共领域可通过互联网实现拓展，但需不断开放空间，吸引公众参与，克服线上商业文化与个人文化对公共审议的敌意态度。

由此可见，网络数字公共领域天生就具备一种与政治性议题若即若离的距离，游离于电视和报纸这样的主流媒体之外，能够十分和谐地包容进各式各样的话语体系、族群认同解释和分析框架，正是一个非常适合于两岸民众交流情感、共同"叙述"、延续想象共同体的一种途径。我们也认为两岸公共领域能够有效缓解两岸信息互动机制中的传播变形与认知误差并提升两岸理性对话与自主互动的能力。④ 不久前网络热议的两岸青年脸书（Facebook）表情包大战与其中沸沸扬扬的"帝吧出征"事件就是一个明证。这是由韩国娱乐女团 TWICE 成员周子瑜被举报"台独"继而面对大陆公开道歉所引发的，两岸青年人在脸书（Facebook）上使用"表情包"这一新颖媒介进行激烈的情感交流互动的一次草根式的网络狂欢，两岸青年人间积蓄已久的偏见与疑惑在长期得不到有效宣泄渠道和途径之后终于能借力脸书（Facebook）这样一种网络公共领域得以抒发的一次事件。在整个事件的过程中，大陆青年网民完全自发的"出征"，整

---

① J. Habermas, F. Lennox. (1975). The public sphere: an encyclopedia article. *New German Critique*, 3(3):49-55.

② 哈贝马斯:《公共领域的结构转型》，曹卫东译，上海: 学林出版社，1991 年，第2—3页。

③ Lincoln Dahlberg. (2001). The Internet and Democratic Discourse: Exploring The Prospects of Online Deliberative Forums Extending the Public Sphere. *Information Communication & Society*, 4(4):615-633.

④ 谢清果、王昀:《两岸网络公共领域中的身份认同及其交往逻辑的功能考量》，《台湾研究》，2014 年第 5 期。

个过程无官方的影响，它更像是一种网上狂欢，但它的价值观基础是爱国的，在这一场两岸青年人的"激烈碰撞"中，展现出了国家认同的轮廓、潜在的政治热情、自我组织能力等等。这一场"碰撞"是有违长期以来大陆方面出于善意对台言行谨慎，非常注意照顾台湾公众的感受。一些人主张不仅大陆官方应当说话很注意，大陆民众在遇两岸摩擦时也应克制言行，避免损害两岸间的氛围。然而事实证明台湾舆论"很难哄"，它们不太买账。而这样做又可能压制大陆民众的正常爱国情绪表达，综合效果未必好。①

民族国家叙事与流行文化两种差异非常大的系统在数字公共领域产生了交集，便诞生了一种"软公共领域"，在这样一种新型的公共领域中，原本宏大而严肃的政治叙事被软化了，在娱乐化的流行文化式的阐释下变得更加亲民与贴近民生，尤其是更加容易被当下正自觉或不自觉地远离政治议题的青年人所接受。但却并不是被消解掉了，在上述的两岸青年人脸书"表情包大战""帝吧远征"事件中，在台湾青年使用措辞激烈而尖锐的政治化话语攻击下，大陆青年大量使用表情图片这样的娱乐式表达予以回应，以一些诙谐表情图片传达出反讽与维护之意又不会激化矛盾，到后来更是出现了许多以大陆风景美食为主的纯图片表达，将一种不言自明的自豪感和规劝之意尽数融入其中的同时，又巧妙地化解了原本尖锐的政治立场式的冲突。在事后的总结和回顾看来，学界普遍给予了正面的评价，例如郭小安教授就认为"帝吧远征"事件是一场网络共意运动、一场民族主义运动，"并给我们提供了一个前所未有的范本"②，一反过去以悲情、愤怒为主的民族主义表达，开始具备理性的思考和考量。正如哈贝马斯将公共领域的表达定义为理性批判话语（rational-critical discourse）一样，当下两岸间新兴的网络数字交互空间，大概只有进入了理性的思维范畴才能算得上真正具有公共性的有价值的公共领域。而这样的理智还应该是一种带着情绪的理智，因为过分的理智会消解掉青年人对于政治这一并不十分感兴趣话题的参与动力，而时下中国的网络话语中最不缺乏的就是情绪。Jingrong Tong 谈道："中国的互联网和新媒体中正在充满仇恨、怨恨、愤怒和同情，而在这样的

① 人民日报评论（2016 年 1 月 22 日）：《90 后，相信你们》，引自：http://tech.163.com/api/16/0122/09/BDU4UF9I000915BF_all.html。

② 郭小安（2016 年 8 月 4 日）：《网络民族主义运动中的米姆式传播与共意动员——以"帝吧出征 Facebook》，事件为例"，引自国际新闻界微信平台。

情感基础上，一个对抗性的公共领域正在形成。"[①] 所以当前亟需塑造一种能将互联网上两岸青年人的满溢情绪有效纾解、引导出来的公共领域，而又不能让激烈而矛盾的对抗情绪淹没掉所有理智的成分，这一场脸书"脸书表情包大战"给出了一个很好的可能性，那就是电子娱乐媒体视域下的公共领域。

三、电子娱乐媒体正发挥着"两岸数字公共领域"的积极作用

基于上文所述的现实，这里主要关照两个正在两岸青年人中发挥着积极作用的电子娱乐媒介：网络小说和电子游戏，借与两岸政治议题较远的网络文学与游戏，来阐明其中亦能生成"软公共领域"，从而深远地形塑着两岸民众的向心力。

（一）在网络文学中涵养中华文化的共通意义

文学是讨论公共领域的话题时绕不过去的一个话题，在哈贝马斯那里，就将在咖啡馆讨论报刊与文学作品的沙龙作为一种公共领域的最佳案例。而在中国的语境下，也同样有学者将晚清以来的茶馆作为一种近现代公共领域的雏形[②]，在茶馆里听书听戏与讨论报章文学，对文学作品的关注是始终如一的。张祖群也认为："文学从来都是政治的记录，一切历史都是当代史的一部分。……在今日海峡两岸政治地理格局中，文学持有者与书写者应该发挥其'软性'文化功能，以有效促进文化认同。"[③] 再举一例，柏杨先生和他的代表作《丑陋的中国人》在所有中国人乃至华人圈子中都具有十分庞大的知名度和影响力，这应该是毋庸置疑的，其引发的社会热议也是有目共睹的。回到本文要讨论的网络小说的话题，网络小说经历了发轫时期的种种乱象之后，终于以网络文学正名，不论其在文学性和思想性上受到多少质疑，都已经拥有了无可否认的强大影响力。同时网络小说还拥有强大的交互与互动性，甚至在每一个章节下的留言讨论区都可以迅速地开启一场意见的互动与交锋，可以说是迄今最有生命力的文学公共领域。曾有天涯论坛台湾版块的网友统计了在台湾最知名的 PTT 论坛上，所有 34 个文学板中的前三名全都是专门登载大陆网络小说的版块，版块中

---

① Jingrong Tong. (2015). The formation of an agonistic public sphere: Emotions, the Internet and news media in China. *China Information*，Vol.29(3).

② 李莉:《近现代公共领域的雏形——现代小城镇小说中的茶馆》,《湖北社会科学》, 2013年第 7 期。

③ 张祖群:《文学何以疗伤——简论台湾族群的政治伤痕与文化认同》,《青岛科技大学学报（社会科学版）》, 2014 年 6 月第 30 卷第 2 期。

的每日讨论发帖量难以统计被 PTT 论坛直接标以"HOT"标签。① 文中统计的台湾青年人最喜欢看的大陆网络小说是《斗破苍穹》《凡人修仙传》《仙逆》《间客》和《长生界》等等，基本上与这些小说的原创作地"起点中文网"所统计的大陆网民点击率最高的小说排行榜相吻合。初步分析一下这几部小说，都是以中国古老的神话传说如《山海经》或者是神仙传说如《封神榜》等为创作灵感来源，以道教内丹修炼等思想体系为构思进行创作的，具有十分明显的中国式的话语特征和传统文化载体的表现形式。另一方面，台湾的青春文学作品也在大陆具有不小的影响力，从被誉为第一部网络言情小说的《第一次亲密接触》到拍成大电影开创青春电影流派的《那些年，我们一起追的女孩》，都得到大陆青年人的认可和喜爱，许多大陆的年轻人正是从这些作品中才第一次了解到台湾年轻人也同样经历着与自己极为相似的升学与爱情这些青春的烦恼，从心底产生了许多共鸣。可以大胆地设想：在传统文学作品遇冷的今天，正是这样一些通俗而又极具中国色彩的网络文学作品为两岸青年人间担负起了"共同叙述"的职能，让他们不断认同两岸民众在过去拥有共同的祖先，而今也同属于一个文化的源头。而且这样通俗文学的表现形式，又极具娱乐的精神特质，在各种文学论坛里的两岸网友互动中，看到更多的是对剧情走向的探讨，对两岸关系的话题偶尔为之又多以和缓的措辞语气结束，比如网名叫 @n26830104 的台湾网友就在 PTT 论坛中说道："在 ptt 是什么都骂，不要以为只骂你们陆陆。"至此，可以看出由网络小说所建构的两岸网络文学公共领域业已成型，它不仅仅为两岸青年人提供了共同的"叙述"，还正在用其通俗与娱乐的本质疏通引导两岸青年人间激烈的对抗情绪，并"软化"矛盾对立的政治议题，是一种"软公共领域"。

（二）电子游戏利于两岸玩家产生共同的"叙述"

比网络小说更加通俗和娱乐的是电子游戏，荷兰学者约翰·赫伊津哈认为游戏不仅仅是一种文化现象，而且"是一种有用意的（significant）功能——也就是说,它具有某种意义"②。而国人心中根深蒂固的"玩物丧志"的心理暗示，让此前的研究一直忽略了对电子游戏领域的关照与其所能起到的各种社会影响

① 天涯论坛台湾版块（2011 年 6 月 17 日）:《台湾最火的 PTT 论坛 文学板 34 个板面 前三名竟然都是大陆网络小说!!》，引自：http://bbs.tianya.cn/post-333-108771-1.shtml。
② 约翰·赫伊津哈:《游戏的人——文化的游戏要素研究》，傅存良译，北京：北京大学出版社，2014 年，第 1 页。

的研究，是十分遗憾的。游戏本身就是一种对人有意义的行为，所以玩家是出于自利的行为动因去玩电子游戏的，而并不是对"电子海洛因"的成瘾症，他们在电子游戏的过程中寻找乐趣，建构起线上游戏社区，并形成了一个电子游戏公共领域。王昀认为："线上游戏社区的传播内容存在一种包含了游戏世界、日常世界与政治世界的公共舆论气候。"① 尤其值得注意的一点是，文化部 2010 年出台的《网络游戏管理暂行办法》中明确规定了线上游戏均要经过文化行政部门的审查和备案，这直接导致了许多外国知名电子游戏在大陆上市时间表的延迟。而另一方面，台湾的电子游戏市场则自由得多，而且出于游戏服务器距离的原因，以知名网络游戏《魔兽世界》为代表，数以十万记的大陆玩家常年活动于服务器架设于台湾的各类电子游戏中，可以说早就与台湾的玩家有着频繁且密切的互动。网易记者曾采访《魔兽世界》中的台湾知名玩家代表，台服第一公会的会长"安萨"，他谈道："我并不是讨厌大陆玩家，大陆玩家中有很多技术好、有礼貌、会为人着想的，我喜欢跟他们一起玩游戏。我讨厌的是不尊重别人的人，这种人不分台湾玩家还是大陆玩家。只是具体遇到时，大陆玩家比较多罢了。"② 可以见到在电子游戏这样的娱乐化背景下，能帮助两岸青年人更好地认识对方和自己，在一种共同的"游戏目标"的指引下，进行互利合作，并对共同话题交换意见。另一名《魔兽世界》的知名玩家代表，名叫艾佛烈。他是台湾魔兽世界玩家最常访问的"魔兽藏宝箱"网站的站长。在他看来，大部分大陆玩家只要使用繁体中文输入法，再将一些大陆口语改掉，慢慢融入台服的游戏氛围，其实与台湾本土玩家并没有多大区别，相处也没什么问题。另外台湾玩家对于魔兽世界中 PVE 的游戏模式也很热衷，但却缺少那股和世界一起竞争的魄力，大陆玩家的进驻有着正面的效果，能够帮助台湾玩家提升整体的游戏素质。③ 由此也能看出，在共同游戏所产生的公共领域中，两岸青年玩家通过对共同游戏目标的追逐，在一个个议题的设置和交流过程中已经产生了共同的"叙述"，在意识到游戏团队互补性的需求后，自发地消弭了两岸差异的政治性议题，接受并认可了对方形成了一个整体。

隶属于电子游戏下的电子竞技游戏，也提供了一个很好的范本。电子竞技

---

① 王昀：《另类公共领域？——线上游戏社区之检视》《国际新闻界》，2015 年第 8 期。
② 网易游戏（2010 年 2 月 6 日）：《台服部落第一公会会长：部分大陆玩家有口皆呸》，引自：http://wow.17173.com/content/2010-02-06/20100206141718591,2.shtml。
③ 腾讯游戏（2010 年 2 月 8 日）：《魔兽藏宝箱网站开发者艾佛烈评价大陆玩家》，引自：http://games.qq.com/a/20100208/000031.htm。

已被体育总局列为正式体育项目。与传统的体育赛事不同，电子竞技赛事通常采用网络直播的形式播送，并在直播间直接提供给观众互动交流的场所。许多国际电子竞技赛事更是将观众直接卷入到一种国际间的大规模互动之中。著名直播网站 Twitch 在转播电子竞技赛事时就常常能看到多国语言交织出现的现场盛况，在一群字母文字使用者中简繁体中文使用者总会不由自主地抱团交流，虽然在一开始的时候总是免不了有许多措辞激烈的政治性话语，比如台湾网友 hi-imas 就在 2016 年 3 月 13 日举行的一场《风暴英雄》比赛的直播间里说："要自称大陆先把美洲大陆、非洲大陆、欧亚大陆、南极大陆通通征服再自称大陆人吧。"另一位台湾网友 DooPeeRen 也说"我们连'总统'都在骂了，你们还有禁止的话题"等等，但在电子游戏本身的娱乐性面前很自然而然地就被消解了，因为周围大多数观众的话题是关注于游戏本身的。后来网名叫 kick321 的台湾网友的话就比较具有代表性："大家看比赛就好，别战两岸好吗。"这样的例子很多。在国际电子竞技赛事的舞台上，也与传统体育项目类似，常常会出现晋级队伍中只剩下一支中国战队的情况，那么不论是大陆或台湾的观众，总是会自然而然地共同为这支队伍呐喊助威，在情感被引导统合到一起后，两岸观众会更加积极友好地交换意见。这种时候所呈现出来的正是"软化"了政治对立立场的同时又促进两岸交流的公共领域，它能够自然而然地促进两岸青年人之间的互动与理解，帮助他们在交互中重新塑造对自身处境、立场的公共判断。

四、审思作为两岸数字公共领域的电子娱乐媒体

随着互联网新媒体越发深入日常生活领域，尼尔·波兹曼对媒介"娱乐至死"的判断也越发显现，通俗而娱乐化的媒体内容已经成为新媒体的必然组成部分，两岸青年人身在其中也必然地会产生无数的交集与互动，不断地建构起不自觉忽视掉两岸标签的线上社区，形成各种新的共同体与公共领域。传统公共领域在新媒体时期面临着又一次转型，前文所举例的几种新兴数字公共领域或许能为我们思考这一新转型提供思路。但需要警觉的是：

（一）现实意义的问题

电子娱乐媒体始终是一种线上的虚拟社区、虚拟公共领域，其自然而然地会受到现实世界的影响并反哺现实。但正如前文所提到的网络上总是充斥着激荡的情绪表达，尤其是政治性的议题时，理性的思考总是被逼在角落，所以在这样的数字公共领域中的公共讨论大多止于非政治性的议题。那么这些基于娱

乐的"公共议题"对于现实两岸关系的政治实践而言是否有着决定性的意义还难以下一个准确的判断,但需要肯定的是,它对增进两岸人民的交流与了解是做出了许多贡献的。

（二）传播动力的问题

前文提到的几个案例,其实际参与人数应该是极为庞大的,但真正出言进行交流与讨论的只能算是其中的极少数,绝大多数的用户只是"观看"或"点赞",大概因为在他们看来正正经经的娱乐自己才是数字媒体的真正用途,这样的行为显然会对公共讨论行为产生消极的影响。正如网易新闻客户端的口号"不只是看客"一样,相关媒体的管理和从业者应该想尽办法在提供优质内容的同时引发思考和讨论,激发数字公共领域"审议议题""形成共识"功能的顺利开展。

（三）个人利益的问题

在哈贝马斯那里,近现代意义上的公共领域应当被视为一种介于私人领域与国家权力之间的"中间地带"。它因社会生活中私人的聚集而存在,又具有相对独立性,公众在此之中能够自由表达他们关于"普遍利益"的观点。[①] 在前述的两岸数字公共领域中,两岸受众出于电子娱乐的目的形成了各式各样的线上社区,并对基于娱乐形式的不同而产生的各种公共事务做出决断,这一切在两岸使用者看来是只关乎娱乐（have fun）的,是谈不上什么公平正义的话题的。但实际上即使是娱乐性质的媒体依然免不了受到来自各方的利益侵害,例如网络小说就越来越类似于传统主流媒体受到主题和意识形态的控制,网文写作的敏感词和敏感话题早已是网文界饱受诟病的限制。另一方面,在电子游戏中,也早已出现了各种"账号盗取""外挂行为""代练行为"等一系列的为了"私利"而破坏和牺牲公共利益的手段。这些利益侵害的管理行为和投机行为都不仅仅是降低了受众的娱乐体验,更糟糕的是也同时损害了这些两岸数字公共领域的公信力和吸引力。因此对于电子娱乐媒体的管理与自律这一复杂问题,目前还缺乏有效的应对机制。

因此,两岸网络公共领域的建构应当从两岸民众,尤其是青年群体乐于参与的网络公共空间入手,通过媒介素养的培育,通过合理合情的管理,更好地发挥电子娱乐媒体在传播中华优秀文化中的重要作用,夯实两岸民族心理的最

---

① J.Habermas, F. Lennox. (1975). The public sphere: an encyclopedia article. *New German Critique*, 3(3):49-55.

大公约数，承担起共同弘扬中华文化的责任。当然，更重要的是，两岸民众能够通过共同参与的网络空间来密切彼此"两岸一家亲"的情感，只要感情通了，理就易于说通，各方面的合作就能更方便地开展起来。这正是两岸网络公共空间的重要价值所在。

两岸数字公共领域：增进文化认同的重要场域
——以"帝吧出征 fb"事件为例

谢清果　祁菲菲

随着中国网络平台的发展、技术的进步、网民数量的激增和网络舆论空间的生成，数字公共领域在我国大陆与台湾逐渐形成并且日渐成熟。它逐步超越了传统的政治范畴，融入中国的整个社会大背景中，深刻影响着包括文化在内的两岸社会生活的方方面面。而数字公共领域由于自身的种种特征与优势，在促进文化发展与认同方面也发挥着独特的作用与功能。数字公共领域的发展与文化认同的相互作用为我们研究两岸关系提供了新视角。因此本文以 2016 年年初的舆论事件——"帝吧出征 fb"为例，结合现今时代背景与社会基础，综合数字公共领域的特征与两岸文化认同的现状，对数字公共领域在促进海峡两岸文化认同方面的独特功能进行详细分析与解读，希望能为日后两岸关系与文化认同的发展提供一些借鉴意义。

随着大陆网络媒介的发展、网民数量的激增和网络舆论空间的生成，再加上网络媒介的技术优势，数字公共领域在大陆逐渐形成并且日渐成熟。它逐渐融入大陆的整个社会大背景中，深刻影响着社会的方方面面。而在台湾，数字公共领域也逐渐兴起与成长，成为不可忽视的新生力量。本文我们所以不像其他研究者那样将网络场域的公共领域称为"网络公共领域"，而称为"数字公共领域"，是因为在数字公共领域中，信息、对话和管理完全由"数字"构成，甚至身处其中的"公众"也由数字符号组成，其整体运作受到新媒体语境下的媒介应用理念和运营方式影响，带有浓厚的技术色彩。如此，"数字公共领域"当是指在数字时代，以数字技术和新媒体应用为支撑体系，私人意志、公众意志与国家意志内部相互整合的媒介公共空间。① 它相对独立于日常社会结构，是传统公共领域在数字化技术浪潮下的空间延伸和拓展。

两岸目前的传媒交流仍处于各说各话的状态，传统媒体依然难以落地，而互联网时代，网络开启了新的交往空间，同时也展现了新的可能性。为此，当重视博客（如新浪博客）、网络论坛（如天涯社区台湾版块）、专业网站（如台客网）等新媒体在两岸民众交流中越发扮演起的重要角色。

近几年来，各种类型的数字公共领域迅速发展，其运作已经远远超出政治范畴，冲击着社会各领域的既有规则和秩序，并且促进诸社会子系统的自我反思。② 而在文化方面，数字公共领域由于自身的种种平台特征与技术优势，在促进文化发展与认同方面发挥着独特的作用与功能。

数字公共领域的发展与文化认同的相互作用为我们研究两岸关系提供了新视角。近几年海峡两岸的经济文化交流日益增多，但是两岸的文化认同由于历史遗留、政策问题等多种原因，依旧停滞不前。而数字公共领域在促进两岸文化认同方面则具有能够发挥自己特有优势的潜能，本文以 2016 年年初的舆论事件——"帝吧征战 fb"为例，对数字公共领域在促进海峡两岸文化认同方面的独特功能进行详细剖析与解读，希望通过综合数字公共领域的特征与两岸文化认同的现状，并且结合现今的时代背景与社会基础，为促进海峡两岸关系与文化认同的发展提供一些参考。

一、"帝吧征战 fb"事件的起因和过程

"帝吧征战 fb"事件注定成为两岸交流史上具有里程碑意义的网络事件，透过对此事件的剖析，有助于我们为增进两岸民众在新媒体时代的交往提供新的可能路径，意义深远。

（一）"帝吧征战 fb"事件的起因

"帝吧出征 Facebook"事件是指由百度第一大吧之称的"李毅吧"吧友于 2016 年 1 月 20 日晚上有组织、有计划地"集体远征"境外社交平台 Facebook，在三立新闻、苹果日报等的 Facebook 主页大规模刷屏以反对"台独"的事件。"帝吧"，有百度卢浮宫之称，人气最旺盛的贴吧，有着高达 2502 万的关注用户

---

① 谢清果、李淼：《文化认同视域下两岸数字公共领域的功能与观念前瞻》，《湖南大众传媒职业技术学院学报》，2016 年第 5 期。

② 陆宇峰：《中国网络公共领域：功能、异化与规制》，《现代法学》2014 年第 4 期。

（2016 年底），已经超过了台湾地区人口 2343.3753 万（2014 年底）。

事情的起因是韩国 GYP 公司旗下艺人周子瑜被艺人黄安爆出是"台独"分子，大陆网友对周子瑜进行了抵制，后来周子瑜在 JYP 公司要求下进行道歉。然后部分台湾媒体、网友称大陆人"玻璃心"，并且对大陆人进行辱骂攻击。随后艺人林更新于 1 月 16 日发表微博吐槽周子瑜道歉不背稿，引发"台独"分子攻击林更新微博与 Facebook 主页。而罗志祥 1 月 14 日在内地出席相关电影宣传活动时，提出大陆和台湾都是中国人。台湾媒体 1 月 18 日报道此消息之后，许多台湾网民在罗志祥 fb 评论下要求其说明立场，甚至出现大范围辱骂现象。

（二）"帝吧征战 fb"事件的过程

"台独"分子对我国艺人与民众的辱骂、攻击引发了国内网友的不满。2016 年 1 月 20 日下午，帝吧宣布开战"FB 圣战"。帝吧、天涯、豆瓣组织大军，以帝吧的名号"出征"Facebook，其中豆瓣八组和微博作为侦察部队和突击部队用表情包干扰，天涯八卦与帝吧同为正规军正面开嘴炮攻击，AB 站鬼畜组作为切后排负责毒舌攻击"台独"，果壳网、知乎组作为辅助及时科普那些友好的台湾朋友们，观光团们负责举报"台独"们的 Facebook。[①]

1 月 20 日晚上 7:00 帝吧开赴 fb 战场，7:00—7:15 登陆三立新闻，7:15—7:30 登陆苹果日报，然后登陆民进党主席、新任台湾地区领导人蔡英文的 fb 主页，在他们的 Facebook 主页发布了海量的反"台独"言论和反"台独"图片、表情包，制造出极具视觉冲击力的"刷屏"效果，也震荡出颇为浩大的舆论声势。

这次战场分布在多个地区，首先是苹果日报、三立新闻、蔡英文、林更新的 Facebook 主页。苹果日报——"台独女神"的塑造者，首先遭遇三连击，被《歌唱祖国》与表情包刷屏，随后苹果日报将评论关闭；接着是专门骂国人"强国人"和"玻璃心"的绿媒——三立新闻，也是这次的重点进攻对象，在受到广大大陆网友的刷屏与屠版之后，三立新闻开始删博，关评论；然后是蔡英文，她作为主张"台独"的民进党主席受到大陆网友的集中攻击，经历了"八荣八耻"的刷屏、屠版之后，其 fb 主页被攻陷，蔡英文同样开始删博，关评论[②]；林更新 fb 下的主战场则主要是大陆网友为了维护林更新与祖国统一的坚定信念，

① 前瞻网 a（2016 年 1 月 21 日），《F 帝吧"表情包"远征 FB 成绩单：台独电视台吓呆》，引自：http://www.weilairibao.com/show-13-627157-1.html。
② 搜狐公众平台（2016 年 1 月 21 日），《帝吧出征 FB 全程体验，历史性爆吧事件回顾》，引自：http://mt.sohu.com/20160121/n435370677.shtml。

与台湾网民进行的对战与交流。

经历了以上几波攻势之后，接着是公开声明自己是中国人反而受到"台独"分子攻击的罗志祥，许多大陆网友纷纷赶去声援罗志祥，向台湾民众表明立场，摆事实讲道理。最后还有何韵诗。何韵诗因为公开声援周子瑜并且扬言要从内地撤资，随即成为大陆网友的攻击对象。蜂拥而至的网友们聚在其主页下斗地主，打麻将，成语接龙，刷静态表情包，以各种方式表达无声的抗议，造成强大的舆论攻势。

（三）"帝吧征战 fb"事件的结果

经过这次声势浩大的表情包大战与舆论攻势，蔡英文、何韵诗、林更新等人的 FB 直接被爆，最后事件以三立新闻、蔡英文等最后删博结束。

台湾媒体"三立新闻"在被帝吧刷屏攻占之时，发布了两条新闻，第一条称挪威"承认台湾是个国家"；第二条称瑞典 8 名议员"承认台湾是个独立国家"。但是几个小时之内均被瑞典、挪威的外交部、驻华使馆澄清，这也在侧面上说明了广大大陆网友的巨大舆论力量与认同攻势。

二、"帝吧出征 fb"事件的两岸文化认同旨趣

"帝吧出征 fb"事件表面看来可能只是网上的某些社群组织进行的所谓"愤青"运动，但是这次事件的背后却是两岸网民通过网络公共领域进行的一场文化交锋与狂欢，它的背后是一种明显的"共意性动员"。一般而言，共意性动员是我们区域有百分之八十人同意，媒体支持，政府至少不反对，并且具有明显的公益性、道德性、正义性。[①] 本次运动即是以民族主义为动机与主题，引起了绝大部分国人的文化与民族共鸣。

值得注意的是，在这次交流过程中，两岸网民始终都秉承着各自强烈的身份认同与民族认同感进行协同作战，并且努力向对方输出自己的文化价值观。这次事件结束之后，各种文化的输出与互动交流促进两岸感情的进一步加深，并且促进了对中华民族文化的深层次认同。因此在下文中，我们将"帝吧出征 fb"事件与文化认同相结合，进行详细解读与剖析。

（一）过程的嬗变——从屠版到享受交流的狂欢

"帝吧出征 fb"事件其实是有一个明显的过程转换的。第一波时基本上是我

---

① 郭小安（2016 年 8 月 4 日）：《网络民族主义运动中的米姆式传播与共意动员——以"帝吧出征 Facebook"事件为例》，引自国际新闻界微信平台。

们帝吧网友的屠版，全是社会主义核心价值观、八荣八耻、中国梦等内容。但是随着事件的发展，有些台湾网民也开始享受这种交流了，双方反击的方式已经变成了互相调侃，甚至很意外地在认真回复各种问题。其实台湾绿营的人在大部分都是绿的时候，态度会普遍偏激且极端，但是单独作战的时候反而更像普通人。有些绿营的网民和我们帝吧网友吵着吵着就开始聊电视剧聊吃的了。[①] 这说明到了事件发展后期，这已经不是在单纯地战斗，而是一种文化的交锋与狂欢。

（二）发起者的自我节制：两岸民众和平交流的思想前提

看到"出征"这个词眼，有些人可能会以为"帝吧出征 fb"事件是一场粗俗暴力的争斗。然而事实绝非如此，虽然我们遭到了嘲讽，虽然面对"台独"网民如此暴戾的情绪，如此冷血甚至没有人性的攻击，但是我们大陆的网民仍然保持了克制，广大网友并没有陷入骂战。

我们不跟"台独"分子对骂，而是选择与对岸网友理性地交流，并且一直强调大家去 Facebook 的真正目的是去和台湾网友进行交流的，并不是反台湾，而是反"台独"，并不是去宣泄愤怒和骂人，而是要让大家知道一个真正的大陆，知道为什么大陆人对台湾有着这么强烈的感情。[②] 其中，一位网友的话非常触动人：台湾的教育让台湾民众对我们产生了偏见甚至仇视，但我们的教育却始终让我们对台湾保持着最真挚的感情。

图 1 帝吧帖截图

Bala Bala
为了拉进两岸网友的距离，我们本着有理、有据、有节，不争吵的活动方式，通过展示我国丰富的美食，展现我们大陆同胞的热情好客，其次通过大陆美丽风景的展示，让台湾同胞欣赏到这不曾领略的大陆风情，我们所做的一切都是为了拉进彼此心的距离，我们拒绝任何分裂两岸的行动，希望我们在迈出了这一步后，能够获得大家的认同，让更多的人参与到两岸同胞间的文化加油，伟大中国需要我们每个人的努力，加油，共勉！！！
赞 · 回复 · 更多 · 刚刚

注意项八律纪大三

三大纪律
一切行动听指挥；
不拿群众一针一线；
一切缴获要归公。

八项注意
说话和气；
买卖公平；
借东西要还；
损坏东西要赔偿；

---

① 前瞻网 b（2016 年 1 月 21 日），《亲历帝吧出征 FB "表情包大战" 两岸不是在战斗而是狂欢》，引自：http://t.qianzhan.com/int/detail/160121-d9dac89a.html。

② 前瞻网 b（2016 年 1 月 21 日），《亲历帝吧出征 FB "表情包大战" 两岸不是在战斗而是狂欢》，引自：http://t.qianzhan.com/int/detail/160121-d9dac89a.html。

（三）内容与形式交相辉映：两岸共同文化生活方式的大展示

在"帝吧出征 fb"事件中，帝吧的组织方式基本都是以发美食和风景的表情包为主，除了表情包，大陆网友还一直在台湾网民的主页上发送很多与中华文化有关的图片，比如：美食、美景、传统民俗、甚至还有许多感人的诗歌[①]，这些诗歌还有多种版本，包括中文的原始版本，绝句，文言文和楚辞版等等，希望这些从内容到形式多方面的文化交流能够更好地感染对岸同胞，引发有关传统文化各个层面的深层理解与交流，促进海峡两岸关于中华民族文化的共鸣。

图 2　帝吧帖截图

《台独司马》
台海两相望
独站天安楼
司镜若求碎
马蹄踏浅波

《台海一家》
台上笙箫沁
海边风波平
一月悬如镜
家和万事兴

《帝吧出征 寸草不生》
帝王挥手间
拔山河盖世
出生死随意
征刀剑如海

寸土皆不放
草木均有主
不负千万人
生当为豪杰

你开始愤懑，你开始不满，你高举着小旗子，高喊，我是"台湾国"。
可是你还记得，是谁给你这个名字吗？
那年奉祯皇帝指着你，
"在那儿建立台湾省，以后你就叫台湾。"
你还记得，什么时候你失而复得的吗？
那年，郑成功拼死守护你，他说，你是中国不可分割的领土。
那年，签订了丧权辱国的条约，你拼死要回来，却无能为力。直到那一天，抗日战争结束，
你得以光复，你却说，我要走。
如何舍得，如何放下。
好几千年前，你就已经和我们在一起了啊，你不知道换了多少个名字，但你依旧不变啊。
地理书上总是念你，历史书上更是频频出现你，我记得你，我记得你的经纬，我记得曾给你
设立过的都护府，国民教你们背叛，挖苦你们，那都是用泪融出来的字。
你可以不屑于，但是你要记得
公元230年，我们第一次见面。
你笑容明媚，用着好奇的眼光打量着我，围着我绕了几个圈，最后向我伸出你细嫩的双
手："你好啊，我还没有名字，我也没有依靠。"
"你好，我是华夏。你可以跟随我，以后你就叫夷洲，如何？"
你粲然一笑。

[①] 前瞻网 b（2016 年 1 月 21 日），《亲历帝吧出征 FB"表情包大战"两岸不是在战斗而是狂欢》，引自：http://t.qianzhan.com/int/detail/160121-d9dac89a.html。

（四）亦真亦幻：现实生活规则与虚拟网上交往促成有情怀的文化交流

在"帝吧出征 fb"事件的发展中后期，许多台湾网民已经开始与大陆网友进行友好的交流，甚至私聊找我们的大陆网友要表情包与图片等，询问那些吃的是什么啊，那些好看的地方是在哪里，好玩儿吗等，甚至还演化出两岸青年男女互相"种草"。然后双方就在这种聊天、普及知识的过程中逐渐开始交朋友，互相寻找共同点。

在这次事件中，有一句话让我印象深刻，帝吧网友说，"我们的墙是技术上的，而你们的墙是在心里的"。虽然这次事件不能完全解决两岸的沟通问题，但是交流最可怕的不是内容的对错与否，而是连交流的欲望都没有了。我们并不指望这种做法可以唤醒多少"台独"青年，但是当整个骂战、斗图到最后都变成了互相讨论美食和美景的时候，就说明，只要有交流的意愿，总比两个人都不说话强。① fb 大战的目的不在于说服任何一方，而是让双方都知道，对方不是只能看标签的敌人，而是活生生的人。

最后很多大陆网友在谈到此次活动时，称最大的意外是台湾同胞带来的感动，"使我们感觉到了一家两兄弟般的温暖"。网友们的最终目的，其实是在相互尊重、相互理解的前提下，在两岸青年同胞中搭建两岸青年友好交流的平台，友好文明、和谐包容地促进两岸青年同胞之间的交流发展，分享彼此的快乐②。

图 3　帝吧帖截图

---

① 前瞻网 b（2016 年 1 月 21 日）:《亲历帝吧出征 FB"表情包大战"两岸不是在战斗而是狂欢》，引自：http://t.qianzhan.com/int/detail/160121-d9dac89a.html。

② 腾讯网（2016 年 1 月 24 日），《帝吧首度回应出征 fb：感觉到一家两兄弟般的温暖》，引自：http://news.qq.com/a/20160124/004783.htm。

纵观这场"帝吧出征 fb"事件，其实这次事件可以看成两岸的一次文化大交流。虽然事情的起因是一起与政治有关的舆论事件，但事件的过程与主题则主要与文化交流相关。首先是大陆网友对台湾网民的各个方面的文化输出，包括历史、美食、风景、文学、语言文字、风俗习惯等等。其次，部分台湾网友受到我们的感染，开始主动与大陆网友进行各方面的交流，如台湾网民向我们主动索要表情包，甚至三立新闻的官方 fb 账号也开始使用与我们类似的表情包，这些种种的细节都表明，上述的各种文化输出与互动交流进一步促进了两岸的深层次文化认同，在各种意义上，中华民族的文化认同与民族感情都进一步加深了。

三、两岸数字公共领域发挥着促进文化认同的独特功能

郭玉锦、王欢指出："大众媒体与网络媒体有很大的差异性：大众媒体具备跨领域性、时间性、客体性，中心化、操纵化，沟通实践消极，具有认同危机，内容控制性强等特征，而网络媒体则具备跨地域性、去时间性、互为主体性，自主、对话、去中心又可以匿名，认同多元社群，沟通积极、内容控制力弱等特征。"[1] 从某种程度上说，传统公共领域在促进文化认同方面具有一些局限性，而随着新媒体与社会化媒体的发展，网络在促进文化认同方面可能有更多优势。

在台湾当局意识形态色彩浓厚的背景下，任何官方政策的出台都会引发新一轮的猜忌和对抗。因此，在促进两岸统一与民族认同时，从文化入手，借助于文化柔性的力量，加强两岸文化系统的互动，不失为一种非常好的方式。文化认同与社会紧密相关，网络土壤为促进文化认同孕育了更有利的环境结构，也提供了更多可能性。

所以，促进两岸文化认同是中国数字公共领域的增长空间与新的发展方向，这既是一种偶然，也是必然。

（一）两岸数字公共领域：文化认同的承载平台

数字公共领域开启了两岸民众新型的交往空间，有望充分发挥其平台优势，成为增进彼此认同的交往平台。

1. 空前平等自由开放的环境为文化认同提供良好平台

与传统公共领域相比，网络媒介比传统的大众媒介更能承担起公共领域沟

---

[1]　郭玉锦，王欢:《网络公共领域的功能与局限性》,《理论前沿》2009 年第 20 期。

通交流的功能。① 数字公共领域这种空前平等自由开放的平台，为所有参与者提供了表达观点的宽松环境及机会平等的空间，能够满足人们发表言论、认证观点，寻找同类、积极交流与互动、寻求满足感与交流感的种种心理，由此碰撞出更多元化并且更生动的观点与意见。

随着网络全球化的发展，网络媒介超越了地理、国家与政府等等的限制，使得数字公共领域在交流的广度与深度上都有了扩展②。网络还促进了社会国际化，使得网络使用者可以随时随地分享任何想要的信息资源，自由地接近新闻源，从而形成更加广泛的群体认同。另一方面，这种空前平等自由开放的环境为人们提供了意见交流与分流整合的平台，从而有助于渐进地营造一种积极参与的良好氛围，更加有助于参与者达成共同的群体共识，进而促进文化认同的形成。

2. 网络创造了网民的主体平台，促进高涉入感的认同

网络的低门槛、匿名性、包容性与开放性一方面带来了空前广泛的话语主体，使得其覆盖受众与信息来源空前广泛；另一方面，这种平等自由的平台提高了网民参与的兴趣和能力，由此形塑出纷繁多元的参与主体。③

国外学者吉恩菲尼在艾里克森认同发展理论的基础上提出了一个民族认同发展模型，认为民族认同包括个体对群体的归属感、积极评价以及个体对群体的文化感兴趣和实际行为卷入参与情况等。④ 而网络这个空前自由平等开放的平台，能够为大众提供一个意见交流与讨论的良好环境。首先，每个人都可以成为网上的信息发布者、传播者与接受者，三位一体，主动性、积极性大大提高；其次，在这种平等自由的氛围中，每个参与主体都可以自由获取信息，由"推"到"拉"，自由度与主动性得到充分发挥。这种充分积极、主动的状态使得网民在交流与互动的过程中始终保持自我的高涉入感，促进身体、精神与情绪的高度集中与精神兴奋，引导双方情绪与体验的深层次互动，进而有效地促进文化认同与整个民族认同。

---

① 熊光清：《网络公共领域的兴起与话语民主的新发展》，《中国人民大学学报》2014 年第 5 期。
② 王杨：《微博中的"舆论场"及其在构建公共领域中的作为》，《东南传播》2011 年第 6 期。
③ 今日头条（2016 年 1 月 23 日），《FB 表情包大战观察（一）：娱乐政治化与政治娱乐化》，引自：http://www.toutiao.com/a6242798301826121985/。
④ 王付欣，易连云：《论民族认同的概念及其层次》，《青海民族研究》2011 年第 1 期。

（二）两岸数字公共领域：形成文化认同的技术优势

数字公共领域凭借新技术优势，突破了物理的空间阻隔，释放了人性自由的天性，开启了清新交往的新常态。

1. 超越时空的全方位互动促进文化认同的形成

根据议程设置与框架理论，即使是相同的事件，依然可能会因消息来源的不同、解读的不同，而使受众产生不同的理解。另一方面，对于距离越远的新闻消息，受众就越被动地依赖媒体。[①] 在此情境下，数字公共领域超越时空的传播特点就可以发挥重要作用了。在数字公共领域的讨论中，任何有意愿参与讨论的公众只要点击鼠标，就可以随时随地在网络上任意驰骋，与不同地域或者是不同国家的人进行自由、平等的交流。

另一方面，数字公共领域创造了所有人向所有人传播的全新互动模式，而且其独特的网状辩论更易达成"辩论共识"，能够更好地促进文化认同。网络可以成为大家放肆宣泄情绪、情感交流的平台，网络意见与舆论也多是网民彼此对话和互动的结果，在这种跨时空的全方位互动过程中，文化认同更容易自然地形成与发展。

2. 社会整合功能有效促进理性共识与文化认同的达成

传统的大众媒介日渐被商业化浪潮吞噬，受众也因此从文化批判走向文化消费，独立思考让位于消遣享受。[②] 但是网络传媒重构了传统的公共领域，让不同的个体走出各自的私密空间，通过自由开放的交流重新集合在一起，促进大众传播从"大众"向"分众""小众"，从"广播"到"窄播"的过渡，进而促进了大众传播向原初的人际传播复归，更加促进理性思考。另一方面，传统的大众媒体由于受政府管制与经济利益的要求，已经无法以中立的身份塑造独立的公共领域，而网络超越国界的特征与独立的第三方身份，使得网络与政府和国家能够保持若即若离的关系，以一种独立的身份对许多社会事件进行理性、批判性的思考。[③]

依据上文所述，数字公共领域接近理想的公共领域形态，促进传播本义的复归，并且加快了民主进程的步伐。另一方面，网络公共领域的自由、开放、

---

① 杨书房：《公民网络公共参与存在的问题及其对策研究》，硕士学位论文，苏州大学公共管理学院，2012 年。

② 彭晶晶：《网络传媒——公共领域再次转型的契机》《安康师专学报》，2005 年第 1 期。

③ 彭晶晶：《网络传媒——公共领域再次转型的契机》《安康师专学报》，2005 年第 1 期。

平等、全方位互动等种种特征，使得其能够更好地承担社会整合的功能，各种多元化的观点都可以在其间共存，并且参与的网民越多，这种意见的自由市场更易达成理性的公众共识；同时与他人的平等互动能够让意见相同或相左的人浮出水面，并且整合成为相近的群体共识，进而促进文化认同的形成。

3. 独特话语形式与内容使得集体行动更易达成，渲染文化认同

话语即力量，主要分为两部分，分别是话语形式的力量与话语内容的力量。首先是话语形式的力量，这种形式在网络公共领域中表现为各种社群，天然利他性与非制度化的情感动员[1]。

互联网强大的群体建构作用，使得网民依托各类互联网应用平台，形成了纷繁复杂的网络社群[2]。在这种发展成熟的虚拟社群中，社群组织可以充分发挥其统筹动员作用，成员可以带着对社群的高度认同感进行集体作战。同时，网络事件的发生也是一种情感动员的过程，充分的交流与统一的意见使得集聚作用更明显，更易达成集体行动，从而渲染并引发文化认同，最终通过一种仪式感极强、狂欢色彩浓重的非制度化方式，促进集体情绪的宣泄[3]，进而促进网络公共领域内的狂欢。

另一方面，话语的内容也是一种重要力量。情感和话语通过互联网的交流和传播，具有了更大的力量，仅仅依靠感性情绪并不能直接引发集体行动[4]。互联网话语传播拥有如图片、视频、二次创造性产品等多种表现形态，而这些多样化的表现形式共同构造的传播话语也是促进集体情绪与集体行为进一步发展的重要依托。

（三）两岸数字公共领域：创新文化认同的崭新方式

数字公共领域带来了两岸民众更有冲击力的交往体验，更迎合了青年带有一定破坏性的创造力渴求，也易于促使文化在浸染中传播。

1. 新的视觉文化生动地创新了文化认同方式

人类文化经历了视觉文化、读写文化，再到视觉文化这样一个否定之否定

---

① 苑明:《连结性行动：社交媒体上的个人化表达与动员》，硕士论文，南京大学新闻传播学院，2016年。

② 今日头条（2016年1月23日）:《FB表情包大战观察（一）：娱乐政治化与政治娱乐化》，引自：http://www.toutiao.com/a6242798301826121985/。

③ 毕秋灵，杨慧彩:《组织化的青年网络政治参与——以"帝吧出征"事件为例》，《东南传播》2016年第7期。

④ 苑明:《连结性行动：社交媒体上的个人化表达与动员》，硕士学位论文，南京大学新闻传播学院，2016年。

的过程，网络为我们带来了新的视觉化时代①。与线性的文字阅读相比，视觉文化的特点是：快感化、娱乐化、可视性强、表现形式多样、生动形象、传播效果更强。

以此次"帝吧出征 fb"事件为例，许多大陆网友采用了表情包与图片作为武器，这些符号话语更加生动有趣，以生动的表现力创新了文化认同的方式，生动形象地表达出意象，造成强烈的视觉冲击，更加充分地表达情感的复杂性和生动性，并且更有亲切感，产生更强的表情达意效果，使得文化认同的消解更易于被接受；另一方面，这些符号话语背后意义的相互转换，使得双方在表情符号的交流中，产生了更深层次的情绪与体验的互动，促进参与个体的高卷入感，进一步促进深层的文化认同。

2.浓厚的青少年思维特色，在恶搞戏谑中促进文化认同

由于目前网络普及状况与技术门槛的限制，并且根据截至 2016 年 6 月的数据显示，我国网民仍以 10—39 岁群体为主，占整体的 74.7%：其中 20—29 岁年龄段的网民占比最高，这些种种情况说明，数字公共领域的主要话语主体仍然是以青少年为主的网民。而这种情况也促进了数字公共领域在目前的发展过程中不可避免地带有浓厚的青少年思维特色，自嘲、强权、冲动皆有，善于解构、颠覆、重组，恶搞戏谑式爱国，在调侃戏谑中促进文化认同。②

互联网这种戏谑式的爱国主义表达与传统主流话语不同，起因在网络上，表达形式上也脱离了意识形态，语气方面民间表达色彩与网络色彩浓重。③在"帝吧出征 fb"事件的发展过程中，两岸网友的冲突并非情绪的宣泄或辱骂，而主要是通过各种表情包进行调侃戏谑，这种轻松的语言风格对于消解两岸的敌对情绪产生了相当程度的软化作用。

如在这次事件中，许多大陆网友以中华传统饮食文化中的著名菜肴，来吸引台湾网民对大陆饮食文化的了解；用生动幽默的表情包调侃了简体字与繁体字之争，证明两岸文化同根同源；或以幽默搞怪的表情包，或以感人的中华传统诗歌，重新生动叙述台湾的历史与地位，台湾的民主与经济建设，促进历

---

① 张品良，《网络文化传播：一种后现代的状况》，南昌：江西人民出版社，2007 年，第 159 页。

② 苑明：《连结性行动：社交媒体上的个人化表达与动员》，硕士学位论文，南京大学新闻传播学院，2016 年。

③ 苑明：《连结性行动：社交媒体上的个人化表达与动员》，硕士学位论文，南京大学新闻传播学院，2016 年。

史文化与民族认同；创造性传播中国政治话语，促进两岸的国家认同与政治认同。① 两岸网友也在这种调侃戏谑的氛围中无形地增加了友谊与文化认同感。

3. 个性化模仿与创造的米姆式传播促进文化认同的深层发展

互联网本身就有一个显著特征，即二次创造性，广大网民可以充分发挥自己的主动性对接收到的内容进行二次创造与处理，从而赋予其新的内涵与意义。

而"米姆式传播"是什么呢？"米姆"概念是 1976 年生物学家道金斯在《自私的基因》一书中正式提出的。1999 年，布莱克摩尔提出米姆与病毒传播不同，病毒是指原原本本的复制，而米姆一方面需要复制，另一方面是创造的过程，会将个人的情绪、价值观、诉求融入进来。② 在这次"帝吧出征 fb"事件中，作为重要武器的表情包其实正是一种典型的"米姆式传播"，经过众多网民结合本人特征的个性化模仿或者二次创作，产生了各种导向的米姆，这些米姆在促进文化认同方面发挥着各自独特的作用与功能，进而共同促进两岸共有价值观与民族文化认同的深层发展。

4. 网络特有的娱乐化特征促进文化认同的消解与接受

网络特有的娱乐化特征可以消解严肃的政治论调，消解意识形态方面的分歧，消解许多对抗性的情绪，并且在轻松活泼的氛围中，使得文化认同更容易被消解与接受。以"帝吧出征 fb"事件为例，首先是动机的娱乐化，愤怒只是一部分表象，其实娱乐化与促进两岸交流的动机才是网民参与此次出征的最深层动机。③ 这种娱乐化动机使得大陆网友在交流过程中也始终保持着友好的态度、轻松的心态与表达方式；然后是内容的娱乐化，虽然两岸网民在政治理念与意识形态方面可能存在许多分歧，但是娱乐化的内容无疑为两岸公众提供了许多共同话题，有利于两岸的全方位互动，从而在互动中逐渐实现文化认同；最后是形式的娱乐化，互联网言论的发酵过程极具娱乐化与互联网特征，网络人际传播这种对现实人际传播的模拟，更加容易承担活跃气氛、交流情感的功能，而且这种娱乐化的互动可以增加亲切感，使得网民彼此交流的兴趣与积极性大大提高，在主动积极的互动中逐渐培养文化认同。

---

① 汤景泰：《网络社群的政治参与与集体行动——以 FB"表情包大战"为例》，《新闻大学》2016 年第 3 期。

② 郭小安（2016 年 8 月 4 日）：《网络民族主义运动中的米姆式传播与共意动员——以"帝吧出征 Facebook"事件为例》，引自国际新闻界微信平台。

③ 苑明：《连结性行动：社交媒体上的个人化表达与动员》，硕士学位论文，南京大学新闻传播学院，2016 年。

（四）两岸数字公共领域：营造出其不意的文化认同方式

数字公共领域在发展过程中，除了各种技术优势，还存在许多固有的缺点与弊端，但是网络公共领域的有些特征看似缺点，反而能够在促进文化认同方面发挥独特的作用，接下来我们就对这几个方面进行详细分析。

1. 速食性、碎片化反而更易形成强大的认同攻势

网络这种视觉文化不可避免地带有速食性、碎片化、浅阅读的文化特征。如本次"帝吧出征 fb"事件中，广大大陆网友即是充分利用了视觉文化强烈的传播效果与碎片化的强烈渲染作用，以刷屏、屠版等形式，大量发送祖国相关文化图片与反"台独"宣言等。这种强烈渲染的氛围虽然是碎片化的，甚至是速食性的，带来的传播效果也是浅阅读，但是这种氛围无疑会让台湾网民感受到强烈的文化攻势，可以说是图有尽而意无穷，大批量的刷屏、屠版也取得了排比式的指数级语势提升效果[①]，促进台湾网民在潜移默化的感染中产生相应的认同倾向。

2. 网络上特有的群体极化更易塑造文化认同氛围

不管在数字公共领域，还是在人们日常的人际交流中，"选择性注意"这一原则都会使得人们倾向于接触与自己的观点和意见一致的信息，而尽量回避不同的信息。即使在网络公共领域中，人们的基本心理与需求仍然没有发生改变，基于被认同的天然需求，基于对共同的价值取向和群体归属感的追求，大家都会向与自己接近的文化群体靠拢，从而形成属于自己的社交圈子与群体；另一方面，选择性注意会使得志同道合的网民在交流讨论之后，观点反而朝着更加极端的方向发展，从而表现出网络种群中特有的一种极化倾向，即群内同质、群际异质的特征。

网络媒介技术带来的传播革命开拓了新的交往空间，这种去中心化的信息选取方式使民众对媒体信息有一定的自净能力，但民众间的表达和情绪却容易使成员间相互感染，而且当某一种优势话语在网上得到传播之后，网络特有的群体机制又会发生作用，使得众人纷纷模仿，进一步造成群体极化，形成一边倒的局面，在这种优势话语传播，众人受到感染的环境中，反而更易塑造文化认同的统一氛围。

---

① 汤景泰:《网络社群的政治参与与集体行动——以 FB"表情包大战"为例》,《新闻大学》2016 年第 3 期。

（五）两岸数字公共领域：以包容开放心态催生文化认同的综合效应

开放、包容、共享是互联网精神的核心特质，而这些方面又有利于数字公共领域的良性互动，进而弥漫出文化认同效应。

1. 数字公共领域与文化形成良好互动，促进文化认同

文化相对政治、经济等议题来说，是一种软性议题，它渗透于生活中，没有明显的门槛要求，是每个人日常生活中都会接触到的，可以说拥有异常广大的受众群，适合交流讨论，并且极易引发情感共鸣。而文化认同是一种既具稳定性又极具变迁性的动态发展过程，是一种内化与外化的双向过程，具有强烈的可建构性，它以人为核心，极具主观能动性，又以社会发展为基础，允许有差异的"和而不同"。

数字公共领域一方面拥有空前广泛的话语主体，为大家提供了意见交流与充分整合的自由平台，使得大众参与文化事务的主动性与积极性空前提高；一方面所有人向所有人传播的互动模式促进了大众的自由交流，使得人们在交流讨论的过程中引发各种情感共鸣，促进双方的互相内化与外化；另一方面，数字公共领域的包容性与开放性允许大众不同意见的存在，使得大家在交流中能够秉承"和而不同"的原则，共同建构种种价值认同。这些种种原因使得文化认同与网络公共领域之间形成了良好互动，从而使得网络公共领域在促进文化认同方面发挥自己的独特作用与功能。

2. 网络论战的背后是文化软实力的交流，促进深层文化认同

以"帝吧出征 fb"为例，这种两岸网民的战斗与狂欢看似只是一种非制度化的情感宣泄，但是其背后却是文化软实力的深层交流与互动。如到了事件发展后期，甚至出现台湾网民向大陆网友讨要表情包的"神转折"，还有些台湾人接受了大陆的网络文化，自己制作网络表情。[①] 这也在某种程度上说明，作为主要武器之一的表情包本身就是我国大陆网民的一种文化输出。表情符号的制造和传播不仅可以促进参与主体的自我身份认同，促进成员之间的群体认同，同时还能向群体外传播文化意义。[②]

大陆网民在网上发送的各种表情包其实也是一种文化攻势，用成千上万的

---

① 天涯论坛（2016年2月3日）：《FB表情包大战：台湾网友遭大陆表情包完美碾压》，引自：http://bbs.tianya.cn/post-funinfo-6826603-1.shtml。

② 王玉：《网络表情符号及其建构的文化认同现象研究》，硕士学位论文，兰州大学新闻传播学院，2016年。

表情图片展现了中华文化的多元和开放，并且将之体现得充满活力。网络表情包代表的这种充满趣味性、舒适性和娱乐性的大众文化，迎合了网民的心理需要，可以对网民进行潜移默化的影响，另一方面，表情包又代表着一种软性文化输出，一些表情包所具有的元叙事功能，特别是包含了明星、美剧、大陆剧、美食、风景等信息的表情包，具有潜力巨大的话语生产能力和意义空间，如"文革"宣传画或动漫形象搭配改造后的当代中国政治话语，其中所体现出的政治认同有助于改变台湾媒体和年轻人政治倾向的刻板印象。[1]又如大陆风光美食照则可以让台湾民众认识到真正的中国风光，提升民族文化认同。这些表情包背后的种种话语意义使得许多大陆和台湾网友从"互呛"变成了聊美食、聊大陆剧、聊旅游、聊风景、聊人生，进而促进了许多两岸网友的感慨与共鸣：两岸还是同根同源的一家人[2]（新浪福建，2016 年 1 月 25 日）。

这种表情包的相互交流与大陆网民的积极交流心态，其实是大陆繁荣的文化体系表现，是大陆与台湾文化软实力的较量与交流。大陆文化在改革开放后不断兴盛，与之相反的则是台湾文化的逐渐衰退。在这次事件的发展过程中，共同的文化根基还是逐渐促进了两岸的文化认同，台湾网民已经逐步融入大陆多元和充满活力的文化中。

（六）两岸数字公共领域：洋溢着中华文化认同的独特精神资源

数字公共领域呈现出的特质与它所处的文化环境及其影响下的民族心理是紧密相关的。"和而不同"的中华文化气质，"多中求一"的中华文化凝聚力……是促进两岸数字公共领域健康发展的有力精神资源。

1. 中国网民的特点促进数字公共领域与文化认同的更好互动

在我国社会与互联网的发展中有一个重要特征不容忽视，这也是中国网民与其他国家不同的一个独特特点，即我国网民不仅仅把互联网当成获取信息和进行交流的一种工具，而是把它当成了一种重要的生活方式，将互联网融入日常生活的方方面面。因此，我国网民更乐意在网上就各个领域的公共事务发表意见，并且交流看法。[3]因此，我国的数字公共领域就成了汇聚中国网民意见、思想与情感、促进思想整合，形成公共舆论，促进情感交流的一个重要场域。

---

[1] 凤凰国际智库：《舆情与社会治理研究基地 汤景泰：FB 表情包圣战观察》，2016 年 1 月 26 日，http://pit.ifeng.com/a/20160126/47240048_0.shtml。

[2] 新浪福建（2016 年 1 月 25 日）：《两岸"表情包大战"网友从互呛神转折到聊人生》。

[3] 杨书房：《公民网络公共参与存在的问题及其对策研究》，硕士学位论文，苏州大学公共管理学院，2012 年。

这一点在"帝吧出征 fb"事件中表现得也较为明显。数字公共领域在我国网民的心目中是一种自由发言与交流的公共场域，因此大陆网民纷纷登陆台湾网络，进而形成了一大波的舆论攻势，但这并不是其预想的目的。其实广大大陆网民只是秉持着自由发言与促进交流的心态去台湾做客罢了，但是这种轻松自由的心态与独特特征反而进一步促进了数字公共领域与文化认同的良好互动。

2. 根深蒂固的"大一统"天下观决定了二者的融合与互动

除了以上所述关于数字公共领域的种种技术优势与文化认同的互动，还有一个最根本的中国文化因素要加以考虑，即是中国源远流长的"天下"观念与"大一统"意识。中国人自古以来就有着一种特有的"天下"观念，这种传统的"天下"观念的地位甚至超过了"国家"观念。"天下"是"国"与社会的和谐统一，同时将个体意识、群己形态和国家观念共同统一在内。

中国几千年来的发展历史都是从统一到分裂，再从分裂到统一，周而复始，但是每个四分五裂的战乱时代最终都会被新的大一统王朝所取代，这是我们中华文明几千年来源远流长、经久不衰的重要原因，同时也从侧面证明，在我国，"大一统"才是历史发展的必然趋势。在我国民众看来，"大一统"是历史发展的必然，是绝对正确的真理与道路。所以相应地在文化认同方面，我们会理所当然地以一种主人的态度去吸收并且同化不同的文化，最终将其收归中华文化认同的整体体系之内。

这一点在数字公共领域表现得更为明显。数字公共领域这种空前平等自由开放的平台使得我国话语主体与公众空前地广泛多元化，并且充分发挥其积极性，大家秉持着一种主人翁的姿态与海纳百川的精神去对待台湾文化与台湾意识，积极促进台湾文化与中华文化的互动与统一。

总而言之，通过以上对数字公共领域的种种平台特征与技术优势的分析与总结，通过数字公共领域与文化认同的各种互动现象与本质内涵，我们可以说，促进文化认同是中国数字公共领域的增长空间与新的发展方向，它既是偶然，也是必然。

寻找同路人：两岸数字公共领域的
统派现象及其认同传递

王　昀

两岸关系研究历来专注一种基于双方政治互信架构，不断开放经济社会往来的"认同建构"思路。透过追寻台湾统派进入两岸数字网络的互动线索，本文试图转向关注原本的政治认同者是如何借由自身在公共领域之行为，推动认同传递与群体共鸣。线上公共对话赋予了案例对象重新认知大陆的机会，并反过来强化着既有认同心理。从公共领域积累的社群支援也使得统派完成从"少数派"到"多数派"的自我想象，形塑着共同体结构的稳定性。伴随新媒介融入日常生活世界，当今的两岸公共领域成为一种生活、政治的杂糅状态。统派群体将自我身份认同投射于生活情感、历史记忆乃至于全球性议题的讨论，造就了丰富的意见气候层次。线上用户以其媒介实践主动寻找认同者的过程，为探索如何从市民社会角度扩大两岸共同体基础提供了创造性视野。不过，研究者仍有必要针对认同文化造成的群体同质性，审慎考量数字公共领域可能蕴藏的风险冲突。

一、问题缘起

纵观两岸关系研究，"认同"（identity）问题一直以来占据着关键位置。事实上，当我们使用认同作为核心概念观照台海议题，很大程度上乃是试图回应两岸社会存在的"疏离"，也即"台湾民众对于自身的文化属性、民族属性、政党属性、国家属性的认知"所面临的矛盾冲突如何影响其统"独"倾向。① 尤其

---

① 张文生:《两岸政治互信与台湾民众的政治认同》,《台湾研究集刊》, 2010 年第 6 期。

115

在两岸历史时空变化背景之下，台湾社会的政治认同现貌被认为已发生显著变化。依据针对台湾"政治世代"（political generation）的历时性调查数据，自 20世纪 90 年代中期至 21 世纪，岛内市民正快速地从原有的"中国认同"（Chinese identity）转变为"双重认同"，此一情形并且呈现出跨世代的融合趋势。[①] 显然，对于当今两岸研究而言，其重点不止于梳理历史记忆认同从何而来的问题，而转向海峡两岸社会认同"怎么办"的现实困境。诸多学者也开始"运用建构主义相关理论探讨建构'双重认同'或'两岸认同'"的路径[②]，主张正视两岸社会长久以来存在的隔阂，从台湾社会的疏离情绪中发掘新的"公约数"，基于矛盾冲突的平衡点当中去"建构认同"[③]。

　　此种建构式视角至今仍然主导着两岸研究的基本思路，其预设在于两岸社会之统合正面对日益严峻的认同流失挑战，因而亟待重新扩大相应对话基础。之于现实实践层面，过去十几年来，大陆对台政策均以颇为灵活、温和的姿态出现，也即主要透过以"软"取向为主轴，强调培育经济纽带与政治交流追求统一之路。包括 ECFA 贸易框架等决策在内，都旨在提高两岸之间的经济联结，增强大陆对台湾的经济与社会影响力，从而加深台湾与大陆的利益共同体化。[④]然而，尽管大量研究者承认这一"软"取向的优势及其持续的必要性，我们也必须注意，两岸政策同时可能越来越朝向某种"强制性方向"。2014 年，"太阳花学运"阻挡服贸货贸协议签署，透露出许多台湾年轻一代对于两岸交往的负面抵触；2016 年 1 月，民主进步党在岛内领导人选举和立法选举中获得压倒性胜利，这使得关于两岸之间可能性冲突的讨论再次愈演愈热。Schreer[⑤]认为，自台湾新一轮大选以来，大陆开始采取种种策略对台北"施压"，使其接受"九二共识"作为双方对话前提。这种"强制"策略虽然成功阻止了台湾宣布正式"独立"的意图，在令台湾按照期望接受统一事宜方面却依然事与愿违。可以说，对台官方渠道的强硬声音以及对待民间交流的开放姿态成了当前大陆对台

　　① Chang, G. A. & Wang, T. Y. (2005).Taiwanese or Chinese? Independence or Unification? An Analysis of Generational Differences in Taiwan. *Journal of Asian and African Studies*, 40(1-2), 29-49.

　　② 陈孔立：《从"台湾人认同"到双重认同》，《台湾研究集刊》2012 年第 4 期。

　　③ 殷存毅、吕芳：《认同与台湾问题》，转引自巫永平（主编）：《公共管理评论（第 4 卷）》，北京：清华大学出版社，2006 年，第 75—90 页。

　　④ Chang, P. H. (2014). Beijing's Unification Strategy toward Taiwan and Cross-Strait Relations. *Korean Journal of Defense Analysis*, 26(3), 299-314.

　　⑤ Schreer, B. (2017).The Double-Edged Sword of Coercion: Cross-Strait Relations After the 2016 Taiwan Elections. *Asian Politics & Policy*, 9(1), 50-65.

政策两条并行不悖的线索。

既然过往建构两岸认同的种种探索性路径皆遭遇不同程度的困难与限制，我们是否可以转换思路来审视两岸认同文化的传递与发展？本文尝试为讨论当前两岸认同问题提供另一种视角。围绕两岸认同文化的论争，多数焦虑于台湾社会"为何而独"的倾向及其抵抗、化解此种"台独"意识的可行性方案，却相对较少深入描绘新时期统派声音的状态与演变。因此，本文转向关注原本的政治认同者乃是如何借由自身在公共领域之行为，推动群体认同共鸣及其传播。相较于从两岸外部政治经济环境探讨建构认同的决策性建议，研究者以两岸公共领域的内部动力为导向，强调特定共同体形塑的认同增幅过程，从而重新补充认同理论在两岸研究当中的应用。

在具体论述中，研究者以社交媒体为窗口分析新时期两岸市民社会交往。在传播技术条件变革之下，两岸人民所处的媒介环境也发生巨大改变。毋庸置疑，"在线上公开讨论社会新闻、交流生活经验建构了两岸另一种社会化关系"①。新的数字公共领域的形成，扩大了两岸普通民众的接触通道。尤其台湾媒体生态往往被认为存在"蓝绿对立"的定型化意识形态，线上空间则为我们规避传统意见气候，理解台湾社会另类的认同表达提供了极具意义的观察样本。本文认为，当今两岸社会的认同交往，除却取决于双方自上而下在决策层面建构认同的努力，研究者也必须注意到人们透过各自媒介使用去"寻找认同"的主动性尝试，而两岸当下相互联结之进程，也伴随着对此一主动性机制的回应。立足于以社交媒体为代表的两岸数字公共领域，研究者试图回答：两岸公众如何透过社交网络寻找彼此认同？他们都在讨论什么内容？他们仅仅局限于"相互取暖"，还是会延伸关于其群体认同的相关讨论，积极参与到公共领域的认同传递机制？

二、社会认同理论在两岸关系研究之应用

（一）两岸社会认同发展的过往实践

在 Turner 看来，社会认同可以被形容为"一个人用以定义其社会身份的总和"②。可以说，这种关于"身份"象征的意涵包含了非常广义的内容。并且，认

---

① 谢清果、王昀：《两岸网络公共领域中的身份认同及其交往逻辑的功能考虑》，《台湾研究》第 5 期。

② Turner, J. C. (1982). Towards a Cognitive Redefinition of the Social Group. In H. Tajfel (ed.). Social Identity and Intergroup Relations (pp. 15-36). New York, NY: Cambridge University Press.

同本身并非一成不变，而是人们浸染于各类传播符号之影响，在后天学习与实践过程中不断被建构的产物。就此意义而言，认同成了一个共享性概念，乃是经由一系列社会性互动而呈现的结果。[①]

　　回溯两岸政策过去以来的积极尝试，正是试图创造不同交往环境与制度保障，为双方实现身份认同提供社会性基础。在此之中，至少包含了三条主要线索：一是经济层面的互利，认为两岸之间最为迫切的政策是"建立一个经贸发展的'和平工程'"，"深化互利双赢的交流合作和经济文化交流"[②]，尤其透过大陆对台释放政策红利，不断开放两岸企业与个人经贸合作的各项平台，以此提升两岸整体经济发展环境。二是民间层面的往来，呼吁两岸交流的"去政治化"。20 世纪 90 年代，便逐渐有研究者关注到旅游如何作为一种低政治性活动，在最初两岸"解冻"时期推动双方人民与公权力机构之间的和解。21 世纪以来，两岸更在观光、教育、医疗等不同社会领域发展出多元化交流形式，譬如 2010 以来两岸每年度举办的"上海—台北城市论坛"，即是以城市之间对话作为示范，增进台海民间友谊。三是政治互信框架的推动。2005 年，国民党、亲民党、新党先后组团参访大陆，打开以政党交流为代表的互动模式。2008 年，时任中共中央总书记胡锦涛会见时任中国国民党主席吴伯雄，重申反对"台独"、坚持"九二共识"的核心立场。2015 年，海峡两岸领导人习近平、马英九在新加坡实现历史性会面，再次强调了坚持"九二共识"、巩固共同政治基础的和平发展道路。可以说，种种政治活动的热络对话，均为两岸关系的改善创造了良好成果。

　　（二）两岸认同交往存在的现实困境

　　尽管两岸认同交往在过去取得了诸多进步，不过，这并不能掩盖在客观事实上同样存在的艰困处境。首先，以经济合作为主导的模式面临着其自身局限。如 Muyard[③] 提醒，20 世纪 80 年代末以来，两个重大现象推动着台湾岛内的政治经济转型：一是伴随解严时期后的民主化浪潮所崛起的台湾人内部认同意识；二是与大陆越来越紧密的经济纽带。在两种特殊的社会动力作用之下，两岸之间的经济交流与认同建构并非处于同步状态。刘正山等人（2017）对"太阳花

---

　　① Bucholtz, M. & Hall, K. (2005). Identity and Interaction: A Sociocultural Linguistic Approach. *Discourse Studies*, 7(4-5), 585-614.

　　② 宋镇照：《两岸和平发展的新思维与新策略：从经贸整合到政治趋和》，《全球政治评论》2009 年，第 28 期。

　　③ In Peter C. Y. Chow (ed.). *National Identity and Economic Interest* (pp. 153-186). New York, NY: Palgrave Macmillan.

学运"的调查数据分析也强调，关于服贸货贸协议的反对声浪不代表台湾年轻一代对两岸经贸合作表现出保守态度，事实上，许多年轻人尽管对大陆抱有敌意态度，与此同时却相当支持双方的经贸对话。[①] 由此来看，"经济成果"往往不能实现"认同的目标"。耿曙与 Schubert 在关于台商的实证研究中甚至直接质疑，过去凭借鼓励台湾民众来大陆经商作为争取岛内认同的政治杠杆，很可能并不是一项成功的策略。[②] 依据王德育的解释，这其中源自台湾与大陆之间存在的多面认同关系：对于岛内民众来说，历史的中国象征着他们文化传统的根基；当代中国则意味着巨大的经济发展机遇。[③] 除此之外，部分民众甚至存在将大陆视为他们民主化生活威胁的刻板印象，这造成了台湾社会对于"中国认同"矛盾而又务实的心态。[④]

除此之外，台湾内部变化的政治生态也带来更多挑战。长期以来，岛内任何选举领导人一直无法为两岸问题提供一个有效解决方案。尽管大量"沉默"理性主义者的存在能够平和台湾社会的极化政治意见，不过，此种政治平衡被认为可能会随时因外部条件的改变而倾斜。[⑤] 伴随 2016 年民进党重新执政及其在立法机构占据绝对多数席次，更为两岸和平带来并不乐观的前景。Tan 指出，此次选举结果反映出台湾年轻世代日益增长的支持"独立"情绪，可能将两岸引入冲突轨迹。[⑥] 不可否认，过去双方所坚持"九二共识"的成果为两岸关系改善提供了非常重要的稳定剂。但是，"'九二共识'并没有很好地解决双方关于'国家中国'的具体内涵的理解、两岸在一国之内彼此政治定位等问题"[⑦]。在诸多观察者眼中，台湾民众开始愈来愈呈现出的以台湾为中心的"主体意识"，也

① Liu, F. C.-S. & Li, Yitan (2017). Generation Matters: Taiwan's Perceptions of Mainland China and Attitudes Towards Cross-Strait Trade Talks. *Journal of Contemporary China*, 27(104), 263-279.

② Keng, Shu & Schubert, G. (2010). Agents of Taiwan-China Unification? The Political Roles of Taiwanese Business People in the Process of Cross-Strait Integration. *Asian Survey*, 50(2), 287-310.

③ Wang, T. Y. (2017). Taiwan Citizen's Views on Cross-strait Relations: Pragmatic but ambivalent. In Cheng, T. J. & Lee, Wei-chin (eds.). *National Security, Public Opinion and Regime Asymmetry: A Six-Country Study* (pp. 21-48). Hackensack, NJ: World Scientific.

④ Wang, T. Y. (2017). Taiwan Citizen's Views on Cross-strait Relations: Pragmatic but ambivalent. In Cheng, T. J. & Lee, Wei-chin (eds.). *National Security, Public Opinion and Regime Asymmetry: A Six-Country Study* (pp. 21-48). Hackensack, NJ: World Scientific.

⑤ Chu, Yun-han (2004). Taiwan's National Identity Politics and the Prospect of Cross-Strait Relations. *Asian Survey*, 44(4), 484-512.

⑥ Tan, A. T. H. (2017). A New Era in Taiwan Politics and its Implications. *Asia-Pacific Review*, 24(1), 116-139.

⑦ 刘国深：《增进两岸政治互信的理论思考》，《台湾研究集刊》2010 年第 6 期。

使得他们之中很少有人支持大陆方面提出的倡议。大陆在未来若想实现和平统一的承诺，则必须思考能够争取民众认同的新方案。①

（三）聚焦统派：两岸认同研究的问题转向

由上述可知，大陆关于台湾问题的主要焦虑，历来相当注重如何处理两岸社会现有之隔阂，建构彼此牢固的身份认同基础。在此之中，研究者尤为聚焦"台独"意识或者两岸政治冷漠情绪的复杂成因，从而重新发掘两岸关系"求同存异"的可能性。Rigger 认为，在台湾，统一的支持者及其反对者之间看似有着完全相反的逻辑，实则都根植于长久以来存在的中华身份认同的概念。统一支持者受到历史决定论之影响，强调两岸之间不容否认的血脉情结；反对者则更多带有实用主义色彩，认为文化的认同并不全然导致政治认同。在过去，中华民族的文化要素使得其不断吸收、包容周边人口。现在，它却为"台独"支持者试图寻求定义台湾"作为一个独立于大陆之外的政治实体"提供了说辞。②而钟杨的数据统计研究发现，在台湾内部，人们的"国家认同"理念也并未达成共识：接近三分之一人口不反对自己被称之为中国人，其他的大部分民众则拒绝被称为中国人。与之形成反差的是，他们同时也不否认自己在族群及文化层面的中国认同。换而言之，即使台湾人仍然将自己与中国相互联系，许多人却排斥建立与国家政权的身份认同关系。③由此来看，两岸之间的认同交往的确卷入到诸多复杂而敏感的社会心理当中。

鉴于过往研究大多注重讨论两岸关系存在的疏离、矛盾乃至冲突，本研究则将重心置于新时期台湾的统派声音。也即本文探讨的两岸认同问题更为侧重关于统一的认同。一方面，社会认同建立在个体认知基础之上，决定群体归属感的问题首当其冲地不是"我是否喜欢这些人"，而是"我是谁"；另一方面，人们在进行其身份定义时实现的"自我分类"（self-categorization）最终又导致

---

① Wang, T. Y. & Liu, I-Chou (2004). Contending Identities in Taiwan: Implications for Cross-Strait Relations. *Asian Survey*, 44(4), 568-590.

② Rigger, S. (2007). Competing Conceptions of Taiwan's Identity: The Irresolvable Conflict in Cross-strait Relations. *Journal of Contemporary China*, 6(15), 307-317.

③ Zhong, Yang (2016). Explaining National Identity Shift in Taiwan. *Journal of Contemporary China*, 25(99), 336-352.

一致性公共群体的出现。[①] 对于政治传播研究而言，一个重要的问题也就在于探讨此种公共群体在形成过程中所造成的各类现实影响。长期以来，受到地理时空、知识鸿沟、政策不畅、媒介资源限制等等因素影响，两岸民众之间的认同表达往往局限于各自社会内部，并不能被彼此所充分"看见"。而新媒介环境的成长，显然为两岸公共领域整合提供了异常广阔的空间。如本文注意到，当今一部分台湾民众正尝试以社交媒体为代表的媒介实践，寻找其理念"同路人"，进而推动一种以"统一"认同为核心的线上共同体文化。后续我们将进一步讨论，这种认同如何透过用户话语表达在社交网络不断延伸，又进一步激起两岸市民社会的何种反应。

三、数字公共领域作为两岸认同表达空间

（一）台湾统派：基于社交网络案例之观察

本文选择新浪微博作为两岸代表性的社交网络空间。作为大陆主流社交应用，微博的"广场式"特质向来为研究者所肯定，是探讨数字公共领域最为显著的平台。[②] 并且，相较于 Facebook、YouTbue 等应用，微博在台湾的使用率并不普及，对于入驻微博的台湾民众而言，其本身即可能意味着一定的认同倾向性。研究者主要通过两种方式确认观察对象：一是在关键字检索基础上辅以内容筛选。一部分对象可以由其名称或标签直接判断，譬如"祖国是大陆""湾湾爱祖国""吃着台湾米，操着中国心"等账号命名或宣言。但此类情形其实并不为多，大多数用户依然需要研究者依据个人简介以及详细的微博文本内容来确认其统派立场。二是建立在既有对象基础之上的滚雪球样本。线上文化研究业已广泛承认用户参与存在的"小世界"特征。透过追踪不同个体之间发出的互动状态，也便于我们深入了解观察对象在社交媒体的整体关系网络。

从时间分布来看，许多对象的线上活跃行为出现于 2016 年初之后。一部分用户注册时间虽早，但其前期发文多涉及两岸生活类主题，至 2014 年"太阳花学运"以及 2016 上半年前后，则显著增加了与其他用户关于台湾时政内容的

① Haslam, S. A., Oakes, P. J., & Turner, J. C. (1996). Social identity, self-categorization, and the perceived homogeneity of ingroups and outgroups: The interaction between social motivation and cognition. In R. M. Sorrentino & E. T. Higgins (eds.), *Handbook of motivation and cognition*, Vol. 3. The interpersonal context (pp. 182-222). New York, NY: Guilford Press.

② Rauchfleisch, A. & Schäfer, M. S. (2015) Multiple public spheres of Weibo: A typology of forms and potentials of online public spheres in China , *Information, Communication & Society*, 18(2), 139-155.

互动。尤其以肯尼亚诈骗案遣陆、圣多美普林西比"断交"等事件为契机，大量声音不约而同开始围绕蔡英文当局执政后带来的两岸关系影响进行讨论，说明台湾内部政局变化的确对两岸公共领域生态造成影响。在语言使用方面，案例统派群体均相当审慎。诚然，"名称"常常作为一种政治隐喻而出现，长久以来，两岸关系经过历史语境演变已发展出如"两岸""中国""大陆"等多层次符码，这些符码象征着不同身份认同类型与集体记忆文化。[①]在本研究中，观察对象甚至更多使用"祖国""内地""台湾省"等措辞进行表述，其中一部分用户亦采用繁简字并举的方式以适应与大陆用户的阅读、书写沟通。种种举措，无疑皆呈现出他们为拓展社交网络，寻求共同体文化的积极尝试。

（二）发现"新大陆"：自我认同的再建构

作为明确以两岸统一为最终目标的社会力量，统派声音在台湾社会总是表现出更多对大陆的亲近性，其认同表达首当其冲地亦是以对大陆的认同感而出现。因此，研究者首先好奇的是，用户如何通过社交网络的资讯嫁接，重新建立关于新时期两岸社会现貌的认知。从案例经验来看，被观察对象的线上互动至少存在如下层次：其一是讨论大陆、港澳地区内部时事；其二是针对与两岸地缘政治紧密相关的国际新闻议题发表观点；其二是介绍两岸社会不同文化生活体验，包括美食、旅游、艺术、娱乐、教育、购物、会议等等，均是经常性内容；其三则是分享台湾内部时政与社会议题。由于近年来两岸之间实力落差的扩大以及民进党2016年5月执政后出台的种种争议性政策，这些用户在点评台湾新闻动态之时，又常将其与大陆发展变化形成对照，甚至于出现"台湾的落后已经难以想象"[②]的感慨。

整体观之，社交媒体在相当程度上为台湾民众了解两岸社会现实提供可供替代的渠道，尤其令一部分从未踏足大陆但对大陆怀有好感的统派开始寻找到突破原有资讯限制，进而重新认识大陆的契机。如一位案例对象写道："在玩微博之前，我没有听过北上广深，我没听过"一带一路"。我以为西安没有高楼，我以为重庆是平的。写这些出来我真觉得丢脸死了。但由此可见台湾新闻的封闭程度。台湾前几年几乎从来不报内地的发展建设，顶多是一些娱乐新闻，

---

①   Chang, H. & Holt, R. (2015). *Language, Politics and Identity in Taiwan: Naming China.* (pp. 1-14). New York, NY: Routledge.

②   见"张玮珊_台湾"的新浪微博：http://weibo.com/cws0202?profile_ftype=1&is_all=1#_0, 2017年8月18日。

还有好看的电视剧。真的很庆幸我接触了微博。"①透过各种转发、分享、私信、提醒方式，这些用户得以与其他线上成员建立起广泛社交关系，从而进一步拓展其信息互动范畴。

两岸关系研究的一种普遍共识在于："两岸经济社会发展差距的消长，在一定程度上改变着台湾民众对大陆的思想感情与社会认同"。②本文经验资料中，不少台湾统派的确对大陆经济、社会进步的种种现象表示出赞许，乃至于延伸到对改革开放以来大陆一系列社会治理以及制度建设成果的认可。需要指出的是，这些统派的诸多心情书写也透露，其祖国认同并非以大陆地区的发达程度为前提条件："一位爱国的中国人最重要的成分要素，就是祖国兴衰与否都必须荣辱与共。"③其中大量声音均强调，个人历经的教育背景以及感受的文化传统氛围，使得自身认为"我从小，就知道自己是一个堂堂正正的'中国人'"（鬼岛天师阿强，2016.11.12）。而进入两岸数字网络之后，与不同用户之间密集的公共交往推动了一种重新"发现"大陆的过程，使得他们产生了面对"祖国"的别样"惊喜"，这种惊喜反过来再次强化了他们心中的身份认同感。在许多人看来，两岸之间"今非昔比"的实力对比极易令台湾民众产生"对台湾政治非常失望……对祖国大陆充满信心"④的情绪，从而成为统派面向岛内争取动员资源的新的话语工具。

（三）从"少数派"到"多数派"：迈向两岸共同体

依据台湾社会当前现状，即使是在统派认同内部，向来亦存在意见分歧，乃至于出现"红统""蓝统""联合派"等诸多争议。⑤如郭艳评价，一方面，台湾统派的内涵非常复杂，很难将之精准归纳；另一方面，"有一点可以肯定的是，不管是从何种意义上对之进行定义，台湾统派社会基础薄弱、处于台湾社

---

① 见"梁红中_台湾"的新浪微博：http://weibo.com/u/1763432552?profile_ftype=1&is_all= 1#_0，2017年8月26日。

② 严志兰，《大陆台商社会适应与社会认同研究：基于福建的田野调查》。北京：社会科学文献出版社，2014年，第142页。

③ 见"台湾红统蒋奎元—陈宜昌"的新浪微博：http://weibo.com/u/6057073638?from= myfollow_all&is_all=1#1504694660680，2017年9月6日。

④ 见"鬼岛天师阿强"的新浪微博：http://weibo.com/u/5946017135?profile_ftype=1&is_all= 1#_0，2016年11月12日。

⑤ 薛洋、林江琳：《台湾统派还有多少》，《读报参考》2010年第4期。

会的边缘，统一的声音在岛内非常微弱是一个无可争辩的事实"①。统派在台湾的生存状况，长期以来于是也成为观察岛内整体认同倾向变迁的一扇窗口。

本文观察过程中发现，事实上，统派群体面临的弱势地位实际也被其自身所反思。许多用户便在线上公共对话中不断号召既有统派搁置争议，首先实现"少数力量"的内部团结，认为："整天吵'蓝统'、'红统'，这个统、那个统，本身就是中了'独派'的当，把岛内已经很微弱的统派势力再行分化，格局愈缩愈小，变成少数边缘人的窝里斗……统派就是统派，没那么多颜色标签。"②而之于社交网络的具体互动情况，这种强调"在统一的问题上，放下与放不下，就是一个指标，不应该有'灰色'地带"③的主张确实在一定程度上弥合了立场差异，使得原本在岛内拥有不同政治见解的统派用户之间能够保持稳定、和谐的交集空间。

当统派声音透过各自协商争取内部团结时，另一个重要现象在于，随着他们进入两岸公共领域，这群台湾"少数派"显然开始争取到更多支持与归属。有"新党三杰"之称的王炳忠、林明正与侯汉廷原本在台湾岛内便属于意见领袖式人物，而现在，他们则青睐于运用社交网络开设个人自媒体节目、发表公共意见，认为这种方式有助于摆脱台湾传统媒体的意识形态约束，并使得更多大陆民众认识台湾的"另类"声音。在统派与大陆网友相互结合的过程中，逐渐呈现出两种动力：其一是基于用户间密集线上互动而实现的社群化。定期、高频率地在社交网络讨论两岸时事、发表各类意见成为这一共同体的日常特征，乃至于诸多突发性事件都能迅速成为成员间认同的激励物。譬如在 2017 年 8 月 8 日四川九寨沟地震发生之后，许多案例对象便在第一时间转发新闻表示关切，祈祷"同胞平安"。这些言辞之间传递出的"两岸一家亲"观念往往又能够迅速与微博平台弥漫的爱国主义情绪相互结合，从而引起广泛共鸣。其二是社群共同塑造的行动目标。Melucci 曾指出，集体性认同将会推动建构一种"行动

---

① 郭艳：《从台湾统派现状看台湾民众的国家认同问题》，转引自周志怀（主编）：《两岸关系和平发展的巩固与深化：全国台湾研究会 2012 年学术研讨会论文选编》，北京：九州出版社，第 255—264 页。

② 见"王炳忠_台湾"的新浪微博：http://weibo.com/puchenwang?profile_ftype=1&is_all= 1#_0，2017 年 8 月 19 日。

③ 见"吃瓜百姓爱故乡"的新浪微博：http://weibo.com/u/5735611437?profile_ftype=1&is_ all=1#_0，2017 年 8 月 16 日。

系统"①，从而使得认同本身透过网络化的行动关系在成员之间相互传递、交流、影响、协商并最终实现决策制定。在此之中，一定程度的情绪投资（emotional investment）也会卷入进来，令个体得以感受到他们身为共同体的一部分。从经验资料来看，大量统派账号均强调以抵抗"台独"意识，增进"统一认同"能见度为己任。对于他们而言，线上出席成了一种有效的说服手段。有用户坦言："我天天在台湾利用文字，与人交谈都会适时地提醒外围人。希望能唤醒一个是一个，减少不必要的抗拒下产生的伤害，制造更多中国统一的绝对性、必然性和必要性。"②围绕共同体内部一部分意见领袖为中心，确实有不少两岸网友受到鼓舞而自觉参与到此种行动机制中来。在公共领域的情绪表达之中，既衍生出大量针对岛内"去中国化"现象的种种震惊、愤怒、不满、反思的激烈性辩论，同时也包含了相对温和的对话手段，如有用户即一度举办名为"晓陆湾湾"的线上座谈会，"采用一问一答"的方式响应两岸网友"共同的疑问"③。客观上体现出两岸市民社会如何缓解台海社会偏见，推动两岸自发性地创造"同情的理解"④的沟通平台。

（四）生活政治：两岸公共对话的混杂性

在 Habermas 看来，政治公共领域形成的公共讨论总是围绕着与国家活动相关联的主题，乃至于对政府产生制度性影响。⑤既然公共领域总是存在一种针对公权力机关的舆论机制，那么，两岸数字公共领域的运作又包含了哪些内容？在台海关系的特殊语境之下，西方传统的"民族—国家"框架显然不具备适用性，两岸市民社会的意见气候实际呈现区别于经典公共领域模型的样态。

首先，对于统派声音而言，两岸数字公共领域的存在为其提供了灵活的话语批判空间。尽管台湾社会素以其言论自由与新闻自由氛围称道，但特殊的政治环境与政媒两栖现象实际仍导致诸多问题："政党竞争带来了广电媒体的解禁、新闻自由法律法规的修正、新闻自由观念的成熟等正面效应。但政党对媒体的

---

① Melucci, A(1995). The Process of Collective Indentity. In H. Johnston & B. Klandermans (eds.). *Social Movement and Culture* (pp.41-63.). London, UK: Routledge.

② 见"新知书馆 -cafe"新浪微博：http://weibo.com/u/5878104936?profile_ftype=1&is_all=1#_0，2017 年 8 月 14 日。

③ 见"湾妹纸"的新浪微博：http://weibo.com/personalbox?is_all=1&stat_date=201612#_rnd 1504715781481，2016 年 12 月 25 日。

④ 陈孔立：《两岸僵局下的思考》，北京：九州出版社，2006 年，第 166 页。

⑤ Habermas, J. (1974). *The public Sphere: An encyclopedia article* (1964). trans. by S. Lennox & F. Lennox, New German Critique, 3, 49-55.

变相操控却让新闻自由异化，'只问政党，不问事实'的蓝绿媒体难以承担'第四权'责任。"① 如今，借由数字网络渠道，相当一部分用户得以自主承担起公民批判角色。在统派群体当中，一方面，其批判性话语固然围绕抗争"台独"为主线，但其中亦总是包含特定议题指向性，尤其民进党执政后，则更多牵涉针对公共部门决策之内容：譬如讨论台湾当局删减历史教科书的中国古典历史部分，将"中国史"并入东亚史等政策，质疑："这样的教育如何能够教育我们的下一代？"② 在此讨论过程中，往往又最终呼应到"统一"认同的正义性，认为："只有统一能终结台湾政治恶斗，带领台湾走向真正的繁荣。"③ 另一方面，除却台湾内部政策议题，案例对象也不乏围绕更多两岸共同性话题进行互动，使得公共讨论的范畴更为广泛。如有用户作为企业家，在论及两岸时政议题之外，也常分享金融、市场资讯，并提醒经营风险："大陆兄弟们，对赚钱有渴望，但不想厚积薄发，都希望最快速成功……所以成功学不兴，但吹牛者族群超大！"④ 另外也有更多用户将在公共领域的意见发表与其个人经历相联系，譬如分享自我媒介使用历程，讨论技术变革所影响的线上表达形式："我在 2007 年创办的台湾雅虎部落格（博客）打烊了，这标示着中国年轻人写长篇文章的能力渐渐丧失，他们纷纷奔向 facebook 或微博或微信这类互联性网络平台；部落格（博客）成了配角，用来存放可能被转发到微博的长文。"⑤

可以看到，在两岸社会语境之下，公共领域实则拥有更为复杂的内容。统派声音透过数字网络寻找认同的过程，不仅围绕政治性批判展开，并且也迈向生活世界的两岸互动，呈现出一种生活政治的杂糅状态。本文观察的一位案例对象即时常记叙名为"行旅记事"的系列文字，其中一则写道："这农历新年留在所在城市；去市场买了豌豆荚。小时候，见妈妈会把蒂头连着荚脊上的那条丝摘下才下下锅，这习惯我一直延续至今；只不知大陆的朋友们是否也如此料

① 谢清果，曹艳辉：《"解严"后政党角力下台湾新闻自由的进步与迷思》，《台湾研究集刊》2014 年第 1 期。

② 见"就是台湾省"的新浪微博：http://weibo.com/u/6034884214?profile_ftype=1&is_all=1#_0，2017 年 9 月 1 日。

③ 见"梁红中 _ 台湾"的新浪微博：http://weibo.com/u/1763432552?profile_ftype=1&is_all=1#_0，2016 年 10 月 30 日。

④ 见"中国台湾卓阳"的新浪微博：http://weibo.com/danny5858?is_search=0&visible=0&is_all=1&is_tag=0&profile_ftype=1&page=6#feedtop，2015 年 2 月 3 日。

⑤ 见"我爱夏天在台湾"的新浪微博：http://weibo.com/covuvu?is_all=1&stat_date=201312#1504715054158，2013 年 12 月 30 日。

理？"①言语间无论是关于农历、家庭、饮食的书写，显然都极易引起两岸之间共同的文化情愫。事实上，将生活记事和对岛内政治批判相互融合，成为诸多统派用户在线上活动的主流选择。尤其伴随社交媒体与生活世界的交织脉络，人们生活"常规"中某些难以言说的经验、习惯维度等本身便可以解释为日常媒介实践的一部分。②由是，数字公共领域当中的日常化趋势使得两岸用户之间的公共交往具备更多情感性。前人研究认为，在两岸过去民间交往的现实情境中，关于身份认同之讨论总是存在诸多政治敏感，社会信息流动更常"受制于个别党派或团体所'操弄'，使民众无法窥测'真实'全貌"。因而，新时期数字公共领域的重要意义之一无疑在于"缓解两岸信息互动机制中的传播变形与认知误差"③。尤其线上用户从生活点滴出发的信息互动，能够令两岸社会更为真实、直观地认知客观事实，打破彼此存在的诸多刻板印象。这种生活领域延伸而来的文化认同显然与政治认同一并强化了统派群体面向公共领域的归属感。

四、超越海峡：两岸数字公共领域的共同体形构

前述，探讨台湾统派的公共交往，核心在于其透过社交网络追寻认同的行动，乃是如何形成一种广泛的共同体文化。这种围绕统一认同的集体意见气候，由此也成为理解两岸公共领域结构非常重要的线索。如本文观察发现，许多统派的线上表达的确带有非常鲜明而坚定的立场性，甚至不乏偏激言辞。并且依据他们看法，使用措辞激烈的话语成为应对岛内日益高涨的"独立"声音的一种必要对抗手段。在此过程中，数字媒介又赋予了这种认同情绪异常丰富的表达方式，包括短视频、直播、表情包、评论、新闻链接、见闻心得等等，交织于线上公共互动之中，呈现出统派群体相当能动、灵活的媒介实践。不过，若我们进一步深入检视，围绕着两岸身份认同为主线，统派群体在社区的公共互动实则还包含着更为复杂的内容。

首先，相当一部分案例对象试图淡化统"独"之争，在两岸公共领域当中寻求较为低冲突性的对话方式。用户"田地发"作为一名台湾导游，其社交网

---

① 见"台湾广告人在大陆"的新浪微博：http://weibo.com/u/2181747180?is_all=1&stat_date=201701#feedtop，2017 年 1 月 24 日。

② Pink, S. & Mackley, K .L. (2013). Saturated and situated: Expanding the meaning of media in the routines of everyday life. *Media, Culture and Society*, 35 (6), 677 - 691.

③ 谢清果，王昀：《两岸网络公共领域中的身份认同及其交往逻辑的功能考虑》，《台湾研究》，2014 年第 5 期。

络发文便聚焦大陆时事居多，甚至针对牵涉医疗、食品安全、民俗、消费者维权等具体社会事件展开批判性讨论，其祖国认同之表达则以较为隐晦的方式进行：譬如晒出自己与天安门的合影照片。经验材料呈现，许多观察对象均会试图运用不同社交平台建立一种两岸分享机制，像是频繁流动于 Facebook 与微博空间，分别向两岸社会提供各自民众如何看待彼此社会现状之内容，主张"客观、公正看待两岸时事，带你们了解真正的大陆与台湾"①。不乏用户热衷于以个人真实经历向公共领域传递身份认同，这大大降低了言论的政治性意涵。博主"bolakim"即通过短视频和文章写作，详细记录了自己因生意缘故"因缘际会"第一次踏上大陆的感受："当飞机降落时，我从窗户看到了广州的上空，心里就莫名激动，等飞机踏上了白云机场的跑道，我内心激动无与伦比，眼泪在眼球里打转，那种感觉真的非常的奇怪，有一种'我终于来了''我们终于统一了''我回家了'激动、兴奋、难过、开心、感动、沮丧……所有的情感一瞬间涌上心头，要不是我老板坐旁边，我一定边哭边入境，从来没有想过会有种感觉，因为对我来说是个陌生的地方、从来没去过的地方，但是我的心境就像是外省老兵心境一样，连我自己都不知道会有这样的反应，完全被自己吓一跳。"②类似上述这种"真情实感"的话语传递方式，尤其极易触动大陆社交网络的认同情绪，提高两岸社群内部的彼此关注。即使并非明确声称自己为统派的用户，也尝试透过较为平和、有趣的大众化内容生产，以此增进两岸公共联结，如有观察对象即以自身在大陆访学交流为例，定期制作各类小视频分享台海之间的生活趣事，以期"努力成为不带有色眼镜的普通人"③。

其二，两岸线上社群又总是跳脱政治社会现实，回归到一种历史记忆层次。一方面，统派群体时常在关于父辈或家族论述当中，传递出与大陆清晰的情感纽带。有人便时常谈及自己的身份认同乃是源自家庭从小熏陶之结果："爷爷常耳提面命教育我说：'这一百多年以来中国人过得太苦，豆豆（我乳名）你要记得在大陆的每一个人都是同胞，每个花草树木或景物那叫故土'。"④另者甚至运

① 见"台海十三少微博分队"的新浪微博：http://weibo.com/u/6144113441?is_all=1&stat_date=201702#feedtop，2017 年 2 月 17 日。
② 见"bolakim"的新浪微博，http://weibo.com/u/5677989309?profile_ftype=1&is_all=1#_0，2017 年 7 月 1 日。
③ 见"屌斗星人 - 老詹"的新浪微博：http://weibo.com/u/6220336473?profile_ftype=1&is_all=1#_0，2017 年 4 月 27 日。
④ 见"台湾红统蒋奎元—陈宜昌"的新浪微博：http://weibo.com/u/6057073638?from=myfollow_all&is_all=1#1504694660680，2017 年 9 月 6 日。

用社交网络优势，寻求联系大陆亲属的机会："问爷爷最美好的时光是什么时候，爷爷说，我当然想我老家，想我东北啊！爷爷一直以为，战乱的时候就爷爷一个人活着逃出来，老家，可能一辈子都回不去了。没想到网友们的帮助，竟然找到了大陆幸存的家人。谢谢你们！"[①] 这种从"小家庭"传递而出的个体认同，延伸于两岸数字公共领域，往往触发更大范围的集体记忆机制，使得案例对象更易获得共同体成员的亲近、信任。另一方面，在一些关于历史传统的普遍性讨论中，两岸同根同源的集体记忆则在线上社群得到更为经常性的书写。比如提及"台湾人的中国梦是三百年前的郑成功、妈祖、广泽尊王"[②]，透过共享性文化符号强调两岸之间紧密相连的历史渊源。其中，尤为显著的是针对各类重大社会纪念日的集体行动，包括每逢九一八事变、七七事变、南京大屠杀纪念日等时刻，统派群体皆会不约而同发表相关内容，向两岸社会呼吁勿忘国难，并往往引起相当规模的线上响应。依照 Alexander[③] 的观点，某些"可怕"的历史事件往往在群体意识中留下不可磨灭的印记，当社会成员对其形成集体性感受，"文化创伤"便得以出现。这种文化创伤将深刻作用于群体意识，并影响人们关于未来的认同。共同的"文化创伤"经历与民族主义、国家主义情感相互纠葛，呼唤出公共领域当中的更多认同者与统派群体相互支持，并强化着共同体成员之间的稳定性与合法性。

最后，我们还必须注意到两岸公共领域所牵涉的全球性想象。大量过去专注于两岸关系的讨论均围绕台海地理空间展开，但事实上，两岸互动还常常折射出面向国际社会的话语叙事。本文经验资料呈现，当涉及一部分跨国性、国际性议题时，统派群体仍将自身核心的国族认同投射其中，令我们看到新时期两岸社会复杂的全球想象。2017 年台北世界大学生运动会期间，便有观察对象注意到："世大运：看这些老外、日本人、韩国人穿马褂打拳、舞剑。其实这就是我们中国强大的文化输出。"[④] 字里行间传递出对中国历史文化传统强烈的自信与归属感。另外，在中国高速增长的综合国力背景之下，案例对象所传递出

[①] 见"东北爷爷在台湾 dk_1218"的新浪微博：http://weibo.com/u/5386254235?is_all= 1&stat_date=201612#feedtop，2016 年 12 月 29 日。

[②] 见"湾湾爱祖国"的新浪微博：http://weibo.com/u/5213956720?profile_ftype=1&is_all=1#_ rnd1504804317876，2017 年 9 月 5 日。

[③] Alexander, J. C. (2004). Toward a theory of cultural trauma. In J. C. Alexander, et. al., (eds.). Cultural Trauma and Collective Identity. Los Angeles, CA: University of California Press.

[④] 见"台湾青年 - 小周"的新浪微博：http://weibo.com/u/6335239903?profile_ftype=1&is_all= 1#_0，2017 年 8 月 30 日。

的认同甚至会附加于政治制度层面，而进入全球化语境的比较："我们不必把美国的政治模式，视为是人类政治制度的唯一解答……我相信，只要我们中国人自己有信心，团结一致一起努力，必然能够走出适合中国并且不输世界其他地区的制度来，实践出具有中国特色的发展模式。"[①] 因而，统派群体建构的世界话语，实际亦与他们一贯带有显著国族认同色彩的线上表达保持一致。而在两岸公共领域交流中感受到的祖国"日新月异"的变化，则不断反过来强化着此种印象。这其中不仅令我们看到，中国经济社会发展所带来的影响辐射力，在推动台湾走出在地视野，重新书写其跨区域、全球性秩序想象过程中扮演的作用；另一方面则是在一种面向国际但仍"内外有别"的思路之下，两岸共同体文化实际某种程度上得到进一步统合的动力。

五、讨论：两岸数字公共领域的机遇与风险

认同文化总是伴随各类媒介实践而呈现。在围绕日常生活事件的媒介使用过程中，人们得以持续建构起自我个人世界及其身份认同。[②] 尤其新媒介环境的成长，为个体行动表达提供了更多创造性途径。这也要求研究者透过更为详细的洞察方式，去检视人们如何利用线上参与机会，将自我认同传递至更为广泛的社会性范畴，进而呼应特定的公共政治文化。过去关于两岸关系之研究，一方面较为关注台湾社会的疏离情绪与"台独"意识成因，却较少深描新时期社会背景下统派的生存发展生态；另一方面则注重从政策制度或经济社会层面探讨两岸交流的认同建构进路。然而，本文强调，考量两岸政治互信问题，我们同样必须提问台湾既有的身份认同者乃是如何以其媒介实践主动寻找"同路人"，从而扩大两岸共同体的社会基础。

当我们检视两岸数字公共领域当中的统派行动，不难发现，他们所书写的种种话语已然不止于个体认同表达，而表现出强烈的面向公共群体的互动意愿。围绕其认同生成的国族情感传递于两岸社交网络内部，的确引起相当规模的线上共鸣。伴随一种常态化社区的形成，成员之间的议题分享与公共讨论，既在一定意义上弥补了两岸普通公众之间过去信息交流的认知落差，也形塑出一体

---

① 见"林明正 - 台湾"的新浪微博：http://weibo.com/p/1005053886278987/home?is_search= 0&visible=0&is_all=1&is_tag=0&profile_ftype=1&page=2#feedtop，2017 年 7 月 14 日。

② Steele, J. R. & Brown, J. D. (1995). Adolescent room culture: Studying media in the context of everyday life. *Journal of Youth and Adolescence*, 24(5), 551-576.

化的话语体系用以对抗台湾分裂意识。尽管统派群体面对着岛内诸多政治压力，甚至"要承受家人的担心与朋友的不谅解"①，但在数字网络获得的共鸣亦赋予了其维系行动的情感支持。这种线上空间的参与经历，同时使得案例对象对新媒介在两岸对话当中扮演的作用产生了更多认可，认为"现在的人，用网络的时间，比现实生活中跟人交谈的时间多更多"，透过线上交流之努力因而能够有效实现"促进统一"②。线上用户在卷入两岸数字公共领域的过程中，亦超越海峡地理空间，实践着彼此认知、彼此对话乃至于彼此相互理解的可能性。

立足于公共领域理论视野，本文检视了台湾统派群体透过两岸社交网络进行话语表达，传递其身份认同的机制。认同理论研究向来存在两类分歧：一者认为国家主义与族群认同是一种普遍超越了个人利益考量的非理性产物；另者则仍然强调个体动机刺激着牵涉身份认同的义务与行为，群体认同本质上仍以自我利益为主导，是个体依据自身意志所做策略性协商之结果。③统派群体运用社交媒体所展开的一系列探索，让我们看到其寻找共同体归属的积极尝试。如诸多案例对象不断声称，统派声音在台湾岛内实际相对弱势。毫无疑问，社交网络的支持有利于促进成员之间的情感维系，公共群体的呼应使得统派认同完成了一种由"少数派"转为"多数派"的想象。这种公共领域行动更加深远的影响在于，它激励着更多的原本"沉默者"走入两岸议题空间，典型情况如一部分核心意见领袖通过不断鼓励、引介其他成员，推动着社群规模化。在线上社区互动场域之下，统派现象所呈现的不仅是个体意志之标识，接近性的认同文化通过不断吸纳新的关注者拓展着公共联系纽带，面对特定争议性话题，此种认同文化甚至能够转化为集体性动员资源。线上用户互相寻找志同道合者的过程，因此也就演变为形塑两岸共同体重要的内在动力。

不过，需要指出的是，探讨线上参与文化推动的主动性认同行为，我们仍必须注意到公共领域隐含的风险性。认同乃是由"差异"所建构，所有的认同均有其"边界"与"尺度"。认同文化象征的内在一致性同时意味着共同体成员

---

① 见"台湾红统 - 李秉修"的新浪微博：http://weibo.com/u/5974233995?profile_ftype=1&is_hot=1#_0，2017 年 5 月 23 日。

② 见"追求和平统一的程艾葳"的新浪微博：http://weibo.com/u/6353015225?refer_flag=1001030102_&is_hot=1，2017 年 8 月 30 日。

③ Hardin, R. (1995). Self-Interest, Group Identity. In A. Breton, G. Galeotti, P. Salmon, R. Wintrobe (eds). *Nationalism and Rationality*(pp. 14-42), New York, NY: Cambridge University Press.

生产出一种相对封闭的结构，相应地，在此认同圈层之外的人则被排斥出去[①]（Hall,S.，1996）。由是，当两岸公共领域中拥有相近认同感的对象彼此凝聚的时候，他们固然形成了较为稳定的圈子，但随之而来的问题即是它可能与其他群体"有所不同"，也即，这种认同话语排挤了另外的群体。从本文经验资料来看，许多观察对象的确倾向于用较为激烈的言辞批判台湾政治时事，并呈现出对不同意见较低的容忍程度。研究者因而有必要审慎考量线上认同文化带来的群体同质性，检视不同公共话语之间所产生的不解、对立、非理性纷争及行动冲突的可能性。

本文研究发现同时有待于从两个方向做继续深掘：一是两岸认同实践向外界延展的空间。统派群体的线上参与展示出对改革开放以来一系列"中国方案"成果的强烈认同感，并不断强调其对于台湾社会的政治借鉴意义。两岸虽为一家，但毕竟在社会结构与制度方面多有不同，通过分析两岸社会对当代中国发展成就情感认同的来源与发展线索，能够促进我们思考从另类角度去了解"中国故事"向外界有效传播的经验；二是两岸政治当中的"理性"问题。台湾社会对于两岸交流的态度，并不单纯由认同文化所决定，同时还取决于它对于两岸关系状态的理性回应[②]（Wei,Chi-hung & Lai,C.J.，2017）。如本文案例观察中的一位用户在直播中承认："我之前并没有统一认同，直到民进党执政后经济环境越来越差（才改变）。"因此，就某种程度而言，两岸数字公共领域中的认同力量显然也随客观社会现实的变化而消长。未来或可关照两岸线上参与机制与现实外部条件之间的结合，从更为详细的宏观社会数据梳理线上认同文化的流动及其与两岸政策环境之间的互动关系。

---

① Hall, S. (1996). Introduction: Who Needs "Identity". In S. Hall & P. du Gay (eds.). *Questions of Cultural Identity* (pp. 1-17). London, UK: Sage.

② Wei, Chi-hung & Lai, C. J. (2017). Identities, Rationality and Taiwan's China Policy: The Dynamics of Cross-Strait Exchanges. *Asian Studies Review*, 41(1), 136-154.

后　记

本书系国家社科基金结项成果。同名课题立项后历经三年完成。研究团队的同仁们齐心协力才能按时完成课题。课题结项经专家评审等级为"良好"。这样的选题，成果能够被评这一等级已然十分不易。这是因为两岸数字公共领域这一议题具有前瞻性。研究团队努力探讨在两岸新媒体发展并不一致，尤其是两岸社情民意有重大鸿沟的情况下，本着"两岸一家亲"的精神，积极挖掘两岸已有的新媒体场域中的关联，当然也包括彼此在相对不同的社会情境下发展起来的新媒体社会，考察彼此不同的社会动员状况，考察两岸基于新媒体而不断涌现的各类新现象与新状况，努力加以学理性探讨，以为将来两岸建构成熟的数字公共领域，提供些思路。

鉴于此类问题的前瞻性，我们的研究仅仅是开了个头。相信两岸社会的深度融合发展，还需要两岸相向而行，弥合差异，共同建构中华民族的这一伟大共同体形象，共同维护好、发展好中华优秀传统文化，增强文化认同。

今年是中华人民共和国七十周年华诞，祝祖国越来越强盛，期待两岸早日统一，共同为中华民族的伟大复兴而奋斗！

本书系两岸关系和平发展协同创新中心成果。

谢清果

2019 年 7 月 14 日